Julius Goldstein

Untersuchungen zum Kulturproblem der Gegenwart

Julius Goldstein

Untersuchungen zum Kulturproblem der Gegenwart

ISBN/EAN: 9783743424838

Hergestellt in Europa, USA, Kanada, Australien, Japan

Cover: Foto ©Suzi / pixelio.de

Manufactured and distributed by brebook publishing software (www.brebook.com)

Julius Goldstein

Untersuchungen zum Kulturproblem der Gegenwart

Untersuchungen zum Kulturproblem der Gegenwart.

Inauguraldissertation

zur

Erlangung der Doktorwürde

der

philosophischen Fakultät der Universität Jena

vorgelegt von

Julius Goldstein,
Hamburg.

JENA

Druck von Bernhard Vopelius

1899.

Genehmigt von der philosophischen Fakultät der Universität Jena auf Antrag des Herrn Professor Dr. Rudolf Eucken.

JENA, den 27. Juli 1898.

Geh. Hofrat Professor Dr. **Thomae,**
d. Z. Dekan.

Einleitung.

Dass es ein Kulturproblem der Gegenwart giebt, und dass dieses Kulturproblem zusammenfällt mit dem Problem, welche Stellung das Geistesleben im Ganzen der Welt einnimmt, soll der Inhalt dieser Untersuchungen sein. Sie machen nicht den Anspruch das Kulturproblem zu lösen, denn das könnte nur von einer systematisch ausgebauten Kulturphilosophie geschehen, aber indem sie den Entscheidungspunkt aufzeigen, an dem das Kulturproblem hängt, bezeichnen sie wenigstens die Richtung der Lösung. Wenn wir bei diesen Untersuchungen von dem Werke A. Vierkandt's: „Natur- und Kulturvölker" ausgegangen sind, und unsere eigene Position mittelst einer positiven Kritik an diesem Autor entwickelt haben, so hat uns dabei die Erwägung geleitet, dass wir es mit einem Buche zu thun haben, welches eine zeitgeschichtliche Signatur trägt.

Aber wenn wir vom Kulturproblem reden, so können wir nicht umhin auf Rousseau einzugehen, den Vater des modernen Kulturproblems. Von den Voraussetzungen der Aufklärungsphilosophie ist Rousseau ausgegangen, um aber dann hinsichtlich der Kultur zu den entgegengesetzten Folgerungen zu gelangen. Das Streben der Aufklärung war darauf gerichtet das Dasein zu rationalisieren. Die geschichtlich überkommene Kultur zeigte in ihrem Bestande viel Unvernunft und Verworrenheit. Gegen diese wendeten sich die Angriffe der Encyclopädisten. Alles, was sich nicht vor dem Verstande rechtfertigen konnte, sollte ausgeschieden werden. Was dann noch übrig blieb, galt als der unverfälschte Kerngehalt der Kultur, dem die geschichtlichen Entstellungen abgestreift waren. Man denke an die in dieser Zeit herrschenden Begriffe einer natürlichen Religion, des Naturrechtes, der natürlichen Moral. Aber mit aller ihrer Kritik blieben die Encyclopädisten innerhalb der Kultur und der Gesellschaft. Die Rousseau'sche Kritik nahm ihren Standort ausserhalb der Kultur, sie stellte die Kultur als Ganzes in Frage. In den Aufklärern waltete der ungebrochene Glaube, auf dem rechten Wege zur Vervollkommnung des Menschengeschlechtes zu sein. Ein allmähliches Einsickern der Verstandesaufklärung aus den kleinen Cirkeln der bels esprits in die unteren Volksschichten sollte auch diese die Höhe menschlicher Perfektibilität erreichen lassen. Die Rationalisierung des Lebens gab einen festen Wertmassstab für dessen Glücksgehalt. Wenn man aber diesen Wertmassstab nicht anerkannte? Ja, wenn man ihn gradezu verneinte und zum Unwertmassstab degradierte? Wenn man die Frage nach dem Glück des Menschen nicht an den verkünstelten Intellekt und an die tausenderlei Abhängigkeiten der Gesellschaft bindet, sondern an das unmittelbare Gefühl, an die möglichst grosse Ursprünglichkeit des Lebens? Wenn alle Verfeinerung des Verstandes die schwersten sittlichen Missstände herbeiführt und alle gesellschaftlichen Zusammenhänge dem Menschen immer unerträglichere Fesseln auferlegen? Dann war die gepriesene Kultur der Aufklärung in eine Sackgasse geraten. Das stolze Siegesbewusstsein musste zusammenbrechen vor dieser Radikalkritik.

Die Kultur hörte auf eine Selbstverständlichkeit zu sein; sie wurde zum Problem. Das ist die welthistorische Bedeutung der That Rousseau's. Dem Menschengeiste ist die innere Freiheit gegenüber seinem Werke zurückgegeben. Rousseau hat eine alte Thatsache als ein neues Phänomen, als ein neues Problem empfinden gelehrt. Dass die moderne Menschheit sich von der Natur losgelöst hat und einen eigenen Lebensstand im Gegensatz zur Natur, eine eigene Daseinsweise, die Kultur, sich geschaffen hat, an dieses Faktum knüpfen alle Gedanken des Citoyen de Genève an, um mit den Mitteln einer glänzenden Beredsamkeit eine Rückkehr zur schlichten Natureinfachheit auf allen Gebieten des Lebens zu fordern. Er fordert damit nicht zugleich das Aufgeben jeder Kultur, sondern nur das Anbahnen einer Kultur, die den Zusammenhang mit der Natur aufrecht zu erhalten versteht. Natürlich ist ihm eine Kultur, die den gegebenen Lebensbedingungen entspricht, die alle Kräfte des Menschen ungehemmt zur Entfaltung bringt.

Die Voraussetzungen für eine wahre Kultur liegen in dem natürlichen, unverkünstelten Seelenleben. „Aus den Händen seines Schöpfers ist der Mensch als ein freies, reines Wesen hervorgegangen. Wenn er durch den bisherigen historischen Prozess in falsche Bahnen geleitet worden ist, so muss die Geschichte von Neuem begonnen werden, so muss der Mensch von der Unnatur des intellektuellen Hochmutes zu dem einfachen, natürlichen Gefühle, aus der Verschränktheit und Verlogenheit der gesellschaftlichen Verhältnisse zu seinem reinen unverkümmerten Selbst zurückkehren, um den rechten Weg seiner Entwicklung zu finden. Dazu bedarf nach Rousseau die Menschheit im Ganzen einer Staatsverfassung, welche nach dem Prinzip der rechtlichen Gleichheit dem Einzelnen die volle Freiheit seiner persönlichen Bethätigung am Gesamtleben gewährleistet [1]."

---
[1] Windelband, Geschichte der Philosophie, Seite 414.

So sieht Rousseau die Lösung des Kulturproblems letzten Endes in einem historischen Experiment. Der Dualismus, den er zwischen Natur und Kultur aufgedeckt hat, sollte in der französischen Revolution zu Gunsten der Natur überbrückt werden. Der Pessimismus und die Verneinung gegenüber der falschen Aufklärungskultur wird aufgehoben in einen Optimismus und eine Bejahung gegenüber der wahren Kultur der Zukunft. In Hinblick auf diese Lösung können wir das Kulturproblem bei Rousseau als ein historisches bezeichnen.

Unter den mannigfachsten Wandlungen und Vertiefungen hat das Kulturproblem die geistige Arbeit der Menschheit bis in die Gegenwart begleitet. Auch in dem Vierkandt'schen Werke „Natur- und Kulturvölker" erwächst dasselbe aus dem Gegensatz zwischen Natur und Kultur¹). Aber der Gegensatz ist unüberbrückbar geworden. Ein historisches Experiment hilft nicht mehr. Wir können nicht mehr einstimmen in den Ruf: „Retournons à la nature", seitdem Schopenhauer und Darwin den romantischen Zauberschleier eines idyllischen Naturzustandes zerrissen haben. Wir haben in der Natur die Züge einer gigantischen Unvernunft, eines blindwütigen Kampfes zu sehen gelernt. Die Möglichkeit, unsere Lebenswerte aus der Kultur in die Natur hinüberzuretten, ist damit für uns aus-

---

¹) Man verzeihe uns den Sprung von Rousseau auf Vierkandt. Es liegt uns in dieser Arbeit nur daran das Kulturproblem der Gegenwart zu entwickeln. Ein Hereinziehen Rousseau's schien uns aber dennoch geboten, einmal um den historischen Entstehungspunkt des Kulturproblems anzudeuten, dann aber auch um der Eigenart des psychologischen Kulturproblems Vierkandt's ein besseres Relief zu geben. Eine Darstellung der geschichtlichen Entwicklung des europäischen Kulturproblems von Rousseau bis auf die Gegenwart behalten wir uns für eine spätere Arbeit vor.

geschlossen. Dächten wir uns aber auch, wir hätten noch das Rousseau'sche Naturideal, so würde uns die Aufforderung zu diesem zurückzukehren doch eigenartig anmuten. Dem ausgebildeten historischen Bewusstsein des 19. Jahrhunderts erscheint der Gedanke utopisch, dass wir uns den Verkettungen einer mehrtausendjährigen Entwicklung entziehen können, um die Geschichte von vorne zu beginnen. Die historische Thatsächlichkeit hat für uns die Labilität der Aufklärung verloren; das geschichtlich Gewordene trägt eine immanente Notwendigkeit in sich, die sich nur langsam umbiegen lässt. Die grossen Zweckzusammenhänge des gesellschaftlichen und geistigen Lebens gelten uns nicht mehr wie der Aufklärung als Produkte individueller Willkür, die man daher auch leicht nach Verstandesregeln umformen könne. Das Schiller'sche Wort: „Leicht bei einander wohnen die Gedanken, doch hart im Raume stossen sich die Sachen" entspricht mehr den Stimmungen einer Zeit, welche das „Pathos der Distanz" zwischen Ideal und Wirklichkeit in schweren Erschütterungen kennen gelernt hat. Der Zukunftsoptimismus Rousseaus hat einem gewissen Pessimismus dem empirisch vorliegenden Dasein gegenüber weichen müssen — womit noch lange keine Anerkennung eines transzendenten, allgemeinen Weltschmerzpessimismus ausgesprochen ist. —

Was aber auch immer an Dunkelheiten und Schwierigkeiten der Kulturstand mit sich bringt, wir können ihn nicht mehr negieren, wir müssen ihn aufrecht erhalten als die Sphäre unserer geistigen Wirksamkeit. Und nicht in der möglichst grossen Annäherung an die Natur sieht die Kultur ihre Aufgabe, sondern nur im Kampfe mit der Natur vermag sie ihr Dasein zu behaupten. Eine Umkehrung der Werte von Natur und Kultur hat seit dem Zeitalter Rousseaus stattgefunden. Beide Begriffe haben einen anderen Sinn und eine tiefere Bedeutung bekommen, und mit dieser Veränderung der Begriffe treten wir in das moderne Stadium des Kulturproblems, das wir an dem Vierkandt'schen Werke: „Natur- und Kulturvölker" zu entwickeln versuchen wollen.

Zu diesem Zweck wird sich die folgende Untersuchung in drei Teile gliedern. Der erste Teil umfasst eine kurze Darlegung der prinzipiellen Hauptgedanken und der Methode Vierkandts. Die Konstatierung des psychologischen Kulturproblems leitet uns hinüber zum zweiten Teil, der sich mit der Unhaltbarkeit des psychologischen Kulturproblems beschäftigt und dadurch den Boden frei macht für das im dritten Theil zu behandelnde metaphysische Kulturproblem.

I.
Das psychologische Kulturproblem.

Die Mannigfaltigkeit der Verschiedenheiten zwischen Natur- und Kulturvölkern sucht Vierkandt auf ein zusammenfassendes psychologisches Prinzip zu reduzieren, das weit genug ist, um eine Bestimmung des Wesens der Kultur zu geben. Dieses Prinzip entnimmt er den Anschauungen der Wundt'schen Psychologie. Nach dieser zerfallen alle Willensakte in unwillkürliche oder triebartige und in willkürliche oder reflektierende, je nachdem der äussere Reiz die Richtung des Willens eindeutig bestimmt, oder der Willensakt sich als das Resultat einer Wahl zwischen verschiedenen Motiven darstellt. Eine ähnliche Unterscheidung gilt auch auf intellektuellem Gebiet, insofern dem Wahrnehmen und Urteilen eine nach innen gerichtete Willensthätigkeit in Form der Apperzeption zu Grund liegt. Den unwillkürlichen Willensakten entspricht die assoziative Form der Vorstellungsverknüpfung oder die passive Form der Apperzeption, den willkürlichen Willensakten entspricht die nach logischen Normen verlaufende Vorstellungsverknüpfung oder die aktive Form der Apperzeption. Diese beiden Typen des individuellen Bewusstseinsverlaufes sind die begrifflichen Zentralpunkte, um die sich die Völker gruppieren. Nach der Seite ihres geistigen Lebens hin betrachtet, scheiden sich die Völker in Naturvölker, für welche die unwillkürlichen Bewusstseinsvorgänge charakteristisch sind, und in Kulturvölker oder besser Vollkulturvölker, bei denen beide Willensformen vorhanden sind, die willkürlichen Bewusstseinsvorgänge aber vorherrschen.

Zu diesen Vollkulturvölkern rechnet Vierkandt die alten Griechen, die westeuropäischen Völker der Neuzeit und deren „ausgeprägte Siedelungskolonien", als da sind die Vereinigten Staaten von Nordamerika, der südöstliche Teil von Kanada, das südliche Afrika, Australien und Neuseeland.

Ausserdem bildet Vierkandt noch den Zwischenbegriff der „Halbkultur" zu dem er die römische und mittelalterliche Kultur zählt. „Ihm gehören überdies die nomadischen Völker des grossen Wüsten- und Steppengürtels der alten Welt und diejenigen sesshaften Völker zu, die sich geordneter stabiler politischer und wirtschaftlicher Verhältnisse erfreuen, wie die sudanesischen, die orientalischen und vorkolumbischen Staaten".

Diese Halbkulturvölker fügen sich aber auch dem zweiteiligen psychologischen Schema ein, denn „sie stehen mit wenigen Ausnahmen Inder und Juden — noch ganz auf der Stufe der Naturvölker. Ihr Wesen ist von Ratzel treffend dahin gezeichnet worden, „dass sie auf wirtschaftlichem Gebiet bereits eine hohe Reife erlangt haben, auf sittlichem und geistigem Gebiet aber noch mehr oder minder auf der Stufe der Barbarei stehen" (S. 8). Dieses psychologische Klassifikationsprinzip, das den einen Teil der Völker der Naturstufe, den andern Teil der Kulturstufe zuweist, ist rein formaler Natur; denn wird die Verschiedenheit des Verlaufes der Bewusstseinsvorgänge zum Unterscheidungszeichen zwischen Natur und Kultur gemacht, so ist über den thatsächlichen Inhalt der Bewusstseinsvorgänge noch gar nichts ausgesagt. Könnten nicht auf der Kulturstufe qualitativ neue Inhalte erscheinen, so dass die blosse Umwandlung der seelischen Lage, wie sie sich in den willkürlichen Willensakten kundgiebt, nicht mehr ausreichte als Wesenskennzeichen der Kultur? Diese Möglichkeit, die uns weiterhin auf die methodologischen und philosophischen Voraussetzungen des Buches führt, verneint Vierkandt mit dem Hinweis auf die allgemeine Stetigkeit des seelischen Lebens der Menschheit (S. 14). Dieser Begriff der Stetigkeit ist eine fundamentale Voraussetzung, die sich von verhängnisvoller Bedeutung für die ganze Auffassung der Kultur erweisen wird. Zwei Thesen sind im Begriff der Stetigkeit enthalten: eine geschichtlich-sozialpsychologische und eine philosophische. Die erstere besagt die Kontinuität des Wachsens und Werdens des geistigen Lebens der Gesamtheit. Indem sie die Gebundenheit der Gegenwart an die Erlebnisse aller früheren Zeiten betont, ist sie ein Ausdruck der historischen Denkweise unserer Tage. Der individualistischen Auffassung des 18. Jahrhunderts tritt die sozialpsychologische entgegen. Mit den Tiefen seines Seelenlebens wurzelt der Einzelne in der Gesamtheit. Er ist in seinen Anschauungen und Handlungen, auch da, wo er sich völlig frei glaubt, von ihr abhängig. Vierkandt geht allerdings in der Auslöschung der Selbständigkeitssphäre des Individuums nicht so weit wie Bastian und Gumplovicz[1], sondern er erkennt mit Wundt die Doppelnatur des menschlichen Individuums, das einerseits überall eine gewisse Selbständigkeit besitzt, andererseits zugleich als ein soziales Element von Haus aus dazu angelegt ist, in eine grössere Gesamtheit aufzugehen (S. 48). Auch bei dieser gemässigten Auffassung sind die Thatsachen des geistigen Lebens als Phänomene der sozialen Gemeinschaft zu betrachten. „Alles soziale Leben ist von der Thatsache beherrscht, dass durch das blosse Zusammenwirken der Einzelwesen neue Eigenschaften und Leistungen hervorgerufen werden, die durch keine Addition der Leistungen der blossen Individuen erhalten werden können" (S. 66). Das Geistesleben ist also ein sozialpsychologisches Differenziationsprodukt. Es fällt damit der Relativität eines psychogenetischen Entwicklungsprozesses anheim, in welchem jede höhere Stufe schon auf einer früheren vorgebildet ist und daher nichts qualitativ Neues, sondern nur intensiv Neues enthält (S. 66). Daher schlingt sich ein Band

---

[1] Aus dem Grundriss der Soziologie von Gumplovicz S. 16 führt Vierkandt die charakteristische Stelle an: „Der grösste Irrtum der individuellen Psychologie ist die Annahme, dass der Mensch denkt. Was im Menschen denkt, ist nicht er, sondern seine soziale Gemeinschaft. Die Quelle seines Denkens liegt nicht in ihm, sondern in dem sozialen Medium und er kann nicht anders denken als so, wie es sich aus den Einflüssen des sozialen Mediums ergiebt." (Natur- und Kulturvölker S. 48.)

des Zusammenhanges um alles geistige Leben von den untersten Tierstufen bis zu den höchsten Kulturstufen (449). Hiermit tritt die philosophische These des Begriffes der Stetigkeit in Kraft. Das Geistesleben als kosmische Thatsache enthält keine sachliche Diskontinuität gegen die Natur. Natur und Kultur kommen in einer Ebene zu liegen. Zwischen ihnen bestehen nicht Unterschiede des Wesens, sondern nur solche des Grades (S. 15). Die wissenschaftliche Denkweise der Naturbetrachtung, wie sie sich in der Anwendung einer ausnahmslos herrschenden Gesetzmässigkeit und der Entwicklungsidee darstellt, hat auch für das menschliche Geistesleben vollkommene Geltung. „Auch alles menschliche Leben und Sein muss als ein Stück Natur betrachtet werden in dem Sinne einer ausnahmslos herrschenden Gesetzmässigkeit. Spinozas Forderung, die menschlichen Dinge nicht zu tadeln und zu loben, sondern zu verstehen, gilt auch für die moderne Wissenschaft, aber die Starrheit seines Weltbildes wird heute modifiziert durch die Erkenntnis der Thatsache der Entwicklung" (S. 67).

So bildet den Hintergrund des ganzen Kulturdramas der Menschheit ein evolutionistischer Spinozismus, in welchem jeder Wesensunterschied zwischen Natur und Kultur verschwindet. Aber von der empirischen Lage aus angesehen gehen Natur und Kultur weit auseinander.

Hier sind zwei Betrachtungsweisen möglich, die sich bei Vierkandt verschlingen. Die eine nimmt ihren Ausgangspunkt von dem geschichtlich vorliegenden Befunde und strebt zu einer inhaltlichen Bestimmung von Natur und Kultur, indem sie auf beiden Seiten Typen von Thatsachen herausarbeitet und gegenüberstellt, um dann den letzten Unterscheidungspunkt zu finden. Dieser liegt in der verschiedenen Stellung der Natur- und Kulturvölker zum geistigen Leben. Die andere Betrachtungsweise setzt die erste schon voraus. Sie nimmt das dargebotene, geordnete Material und sucht es zurückzuführen auf psychologische Ursachen. Die Verschiedenheiten des Seelenlebens auf der Natur- und Kulturstufe werden schliesslich, wie wir schon sahen, reduziert auf den Unterschied von unwillkürlichen und willkürlichen Bewusstseinsvorgängen. Bei den Naturvölkern kommen die unwillkürlichen Bewusstseinsvorgänge am schärfsten zur Ausprägung. Nach der Seite des Intellektes tritt dies in dem assoziativen Vorstellungsverlauf zu Tage. Die Willensthätigkeit bleibt in der Sphäre der Triebhandlungen. Das individuelle sittliche Leben steht ganz unter der Herrschaft momentaner Antriebe, es ist rein impulsiv. Der Charakter, wie er sich in festen Grundsätzen, persönlichem Ehrgefühl und Wahrhaftigkeit äussert, fehlt den Naturvölkern noch vollkommen. Eine gewisse äussere Regelung erfährt aber das sittliche Leben durch die sozialen Mächte der Sitte, der öffentlichen Meinung und der religiösen Gebote. Die Bedeutung der Sitte liegt in ihrem objektiven Charakter. „Wir können ihre Herrschaft als einen inneren Zwang bezeichnen, dem sich auch unabhängig von allen etwaigen äusseren Einflüssen und Rücksichten der Mechanismus des seelischen Lebens nicht entziehen kann, wo die betreffende Sitte voll entwickelt und in jenem Mechanismus eingewurzelt ist. Wo aber eine Sitte noch nicht völlig fertig geworden ist, da kommen für ihre Einwurzelung vor allem der Druck der öffentlichen Meinung und die Macht der göttlichen Gebote in Betracht, deren Einfluss im Gegensatz zu dem inneren Zwang der Sitte als ein äusserer Zwang bezeichnet werden kann" (S. 276).

Das individuelle Selbstbewusstsein empfängt hier seinen Halt aus der Uebereinstimmung mit der Gesamtheit. Die Gebundenheit des Bewusstseinsstandes bringt die Heerdennatur des Menschen auf dieser Stufe voll zum Ausdruck. Dabei steht das Individuum der umgebenden Natur als einer übermächtig drohenden Gewalt passiv gegenüber; in dem religiösen Gefühl spiegelt sich dies wieder als Furcht vor den hauptsächlich dynamisch gefassten Göttern. Schon aus diesen wenigen Beispielen — und die übrigen liegen auf derselben Ebene — ergiebt sich für die Inhalte des geistigen Lebens auf der Naturstufe das gemeinsame Merkmal, dass sie noch nicht zur Selbständigkeit gelangt sind, sondern im Dienste einer von Trieben beherrschten Lebensführung stehen. Die Natur erscheint hier in unverhüllter Nacktheit, und je schärfer die Züge dieser Natur, dieses unwillkürlichen Seelenlebens herausgearbeitet werden, um so mehr hebt sich die Kultur dagegen ab. Es liegen aber im Begriff der „Natur" nach den vorstehenden Erörterungen zwei Merkmale eingeschlossen: „Die Abhängigkeit von äusseren Einflüssen d. h. die Bestimmung der Lebensvorgänge von aussen und der Mangel eines massgebenden inneren Schwerpunktes und Zentrums und zweitens der Mangel an Werten" (S. 239).

Die Gebundenheit des Bewusstseinsstandes lässt hier noch keine Fragen aufkommen nach dem Recht und der Wahrheit der herrschenden Zweckzusammenhänge. Die Geschlossenheit des psychischen Mechanismus wird durch keinen Zweifel gestört.

Auf der Kulturstufe tritt nun aber in dieser Richtung eine grosse Umwälzung ein. Die Gemeinsamkeit des geistigen Lebens, die im Gebiet des Unwillkürlichen, Triebartigen wurzelt, tritt in dem Masse zurück, „in welchem im menschlichen Leben selber die sinnliche Grundlage zurückgedrängt wird zu Gunsten einer von abstrakten und idealen Gesichtspunkten geleiteten Lebensführung" (S. 85).

Es tritt damit auf der Kulturstufe eine Umkehrung der Stellung des Geisteslebens ein. Während auf der Naturstufe das Geistesleben sich noch nicht abgelöst hat von den Mitteln der sinnlichen Lebenserhaltung, rückt es auf der Kulturstufe zum Rang eines Selbstzweckes auf. Hiermit erst bekommt die Wirklichkeit einen Sinn und eine Vernunft.

Dem Individuum der Naturvölker steht die Wirklichkeit gegenüber als eine „zusammenhangslose Masse von Erscheinungen, deren inneres Wesen sich in einer Reihe von Dämonen und göttlichen Gewalten darstellt, deren Kern unberechenbare Launenhaftigkeit und willkürliches Handeln ausmacht. . . . . Die bewegende Triebkraft dieser ganzen Welt, sowohl bei den Geistern wie auch den realen Menschen ist nur eine Reihe tierischer Affekte, die alles menschliche Leben und Wesen den Launen des Zufalls preisgeben" (S. 245).

„Im Gegensatz dazu erblickt das vollentwickelte Individuum der Kulturvölker in der umgebenden Körperwelt eine Reihe vergeistigter Mittel und über ihnen schwebend als Kern der Wirklichkeit ein Reich geistiger Güter und absoluter Werte, in dessen Dienst alles Geschehen tritt" (S. 245).

„Der Ausdruck „Kultur" ist in einer recht einseitigen und das Wesen der Sache nur wenig treffenden Weise von der Thätigkeit des Ackerbaues hergenommen worden. Eine Andeutung des tieferen

Sinnes des ganzen Begriffes liegt in dieser Bezeichnung allerdings insofern als die Bebauung des Bodens sowohl eines der ersten wie auch eines der wichtigsten Beispiele jener Beherrschung der Natur darstellt, welche die eine Seite des Begriffes der Kultur ausmacht[1]). Allein die andere Seite dieses Begriffes, das Vorhandensein absoluter Werte liegt in dem Wort Kultur in keiner Weise angedeutet. Wäre der Ausdruck nicht bereits so tief eingewurzelt, dass sich unser Gefühl gegen eine rationalistische Neuerung und Verdrängung sträuben würde, so würde der Ausdruck „Geistesvölker" oder ein ähnlicher mehr innere Berechtigung für sich haben; denn er schliesst beide Seiten der Sache in sich, sowohl die Beherrschung der Natur wie die Existenz allgemeiner Wertbegriffe" (S. 245). Bei den Halbkulturvölkern fehlen noch diese absoluten Werte und daher auch jenes Selbstbewusstsein, „welches den Menschen in den Mittelpunkt der Welt stellt, welches das Geistige als den Kern und das Ziel des ganzen Weltgetriebes betrachtet" (S. 143).

Auf der Stufe der Vollkultur erscheinen deshalb auch „das menschliche Leben und Sein, insbesonders seine sittlichen Aufgaben nicht mehr als willkürliche und zufällige, an sich wertlose Anhängsel der übrigen Natur oder als willkürliche Ausflüsse der Laune der Gottheit, sondern sie stehen für die Werturteile des menschlichen Geistes im bestimmenden Mittelpunkt und sind das Mass, nach dem alles gemessen wird" (S. 152). —

[1]) Wir würden für den Zustand eines Volkes, wo die wirtschaftlichtechnische Seite des Lebens realisiert ist, den Namen „Zivilisation" vorschlagen. Es wäre damit eine zusammenfassende Bezeichnung für einen Lebensstand gegeben, der mit der Vierkandt'schen „Halbkultur" zusammenfällt. Ausserdem würde dadurch eine qualitative Abgrenzung gegen die „Kultur" gegeben sein. Jede Erfindung einer neuen Maschine schreit sich heute als einen Fortschritt der „Kultur" aus.

Wir haben mit Absicht Vierkandt hier wörtlich
zitiert, damit sein kulturphilosophischer Idealismus recht
deutlich hervortrete. Ziehen wir jetzt das Fazit aus
den angeführten Sätzen.

Durch die Kultur vollzieht sich eine fundamentale
Umkehrung der individuellen und sozialen Lebensführung. Der sinnliche Zusammenhang zwischen den
Menschen fällt und ein neuer, auf idealen Faktoren
beruhender bahnt sich an. Diese idealen Faktoren,
die wir einstweilen kurz mit dem Namen Geistesleben
zusammenfassen wollen, stellen sich als absolute Werte
dar. Indem die Menschheit diese zu realisieren trachtet,
baut sie ein Ganzes von idealen Lebensordnungen im
Laufe ihrer geschichtlichen Entwicklung auf, das seine
Verkörperung in der Kultur findet. Ist dies der geschichtliche Thatsachenverlauf, so liegt philosophisch
diesem Menschheitswerke als Voraussetzung der Gedanke zu Grunde, dass das Geistesleben, welches das
Fundament der Vollkultur bildet, kein zufälliges Neben-
produkt des Naturprozesses ist, sondern Kern und Ziel
der Wirklichkeit bildet.

Mit dieser Auffassung der Kultur geben wir uns
vollständig zufrieden. Ob allerdings der Metaphysiker
Vierkandt mit seinem evolutionistischen Spinozismus
nicht in einen unauflösbaren Widerspruch mit dem
Kulturphilosophen Vierkandt kommt, ist eine Frage,
die uns späterhin beschäftigen wird.

Dieser inhaltlichen Verschiedenheit der Kultur
gegenüber der Natur liegt eine Strukturveränderung
des seelischen Lebens zu Grunde, aus welcher heraus
Vierkandt das Wesen der Kultur, vor allem auch
die Schwierigkeiten der ganzen Kulturlage verstanden
wissen will, denn die Kultur ist zwar einerseits eine
Thatsache, andererseits aber auch eine ungeheuere

Aufgabe. Der ethische Spiritualismus, der die Kulturbestrebungen beherrscht, treibt nach allen Richtungen Idealforderungen hervor, die auf unüberwindliche innere und äussere Schwierigkeiten stossen. Die äusseren Schwierigkeiten übergehen wir hier. Sie ergeben sich mit Notwendigkeit aus dem Umstand, dass das menschliche Geistesleben verflochten ist in das blinde Spiel eines mechanischen Naturprozesses. Viel tiefer greifen die inneren Schwierigkeiten, die aus der inneren Struktur des Kulturindividuums stammen. Vierkandt nimmt, wie wir schon sahen, einen Dualismus der Bewusstseinsvorgänge an. Auf der beinahe ausschliesslichen Thätigkeit der unwillkürlichen Bewusstseinsvorgänge beruht das Eigentümliche des Naturzustandes. Das Wesen der Vollkultur besteht dagegen auf dem Überwiegen der willkürlichen vor den unwillkürlichen Bewusstseinsvorgängen überall da, wo es sich um wichtige und entscheidende Angelegenheiten des individuellen und sozialen Lebens handelt. Nur in dieser Einschränkung kann von einem Ueberwiegen der willkürlichen Willensakte gesprochen werden, „im übrigen behauptet auch hier das Element des Unwillkürlichen seine Herrschaft in weiter Ausdehnung" (S. 287).

Diese für die Kultur folgenschwere Erscheinung hängt mit zwei Thatsachen des seelischen Lebens zusammen. Einmal mit seiner ökonomischen Natur, vermöge deren eine unausgesetzte Häufung von willkürlichen Willensakten mit ihrem komplizierten Apparat von Ueberlegungen und Abwägungen das Bewusstsein zu stark belasten würde (S. 287). Dann aber spielt hier die allgemeine Neigung der psychischen Vorgänge zum Mechanisieren eine wichtige Rolle. Diese Neigung äussert sich darin, dass bei häufiger Wiederholung derselben Vorgänge sich nicht blos willkürliche zu unwillkürlichen, sondern auch diese zu automatischen und Reflexvorgängen vereinfachen, wodurch zugleich im Sinne jener eben erwähnten Ökonomie das Bewusstsein entlastet wird. Zeigt es sich schon hier, dass die willkürlichen Bewusstseinsvorgänge das Unwillkürliche nicht einfach abstossen können, sondern von diesem gehemmt und hinabgezogen werden, so wachsen die Schwierigkeiten der Existenzbedingungen des psychischen Kulturfundamentes dadurch noch mehr, dass der Kraftpunkt des Daseins auch auf der Kulturstufe in dem Gebiet des Unwillkürlichen verharrt. Gegenüber dieser „Tiefseeregion des seelischen Lebens" sind die willkürlichen Bewusstseinsvorgänge von verschwindender Bedeutung. Sie verhalten sich zur Sphäre des Unwillkürlichen „mehr regulativ als konstitutiv, mehr dirigirend als schaffend, mehr ordnend und verstärkend als neuschaffend" (S. 291). Bei diesem Stande der Dinge trägt die Kultur einen Konflikt in sich; sie soll einen neuen Lebensstand gegen die Natur aufrechterhalten und durchsetzen und doch hat sie nicht die Mittel dazu. Die Kraft des Lebens ruht in der Natur, der Wert in der Kultur. Diese Diskrepanz kann nie aufgehoben werden, denn sie liegt in dem Vorhandensein der doppelten Bewusstseinsschicht auf der Kulturstufe. Damit ist der Gegensatz von Natur und Kultur ins psychische Gebiet hineingetragen.

Auch Rousseau nahm eine doppelte Art des Seelenlebens an: ein natürliches, unverkünsteltes, und ein durch die gesellschaftliche Kultur verkünsteltes. Letzteres hatte das unverkünstelte Seelenleben verschüttet und sollte daher weggeräumt werden durch das Neueinsetzen einer individuellen und sozialen Erziehung, durch ein historisches Experiment. Der Unterschied gegen Vierkandt liegt aber in zwei Momenten:

das erste ist die Verschiebung des Wertaccentes, das zweite liegt in der verschiedenen Stellung zur psychischen Thatsächlichkeit des Kulturindividuums. Rousseau glaubt den psychischen Dualismus der gegebenen Kultur in seinem Ideal einer natürlichen Kultur zu überwinden. Vierkandt sieht den seelischen Dualismus als mit jeder Art der Kultur notwendig verknüpft. Das historische Kulturproblem Rousseau's muss der tieferen psychologischen Einsicht der Gegenwart weichen. Das Kulturproblem Vierkandt's bezeichnen wir daher als ein psychologisches.

II.
Die Unhaltbarkeit des psychologischen Kulturproblems.

Man kann Natur und Kultur unter dem Gesichtspunkt eines doppelten Gegensatzes betrachten: unter dem Gesichtspunkt eines ethischen — dies Wort im weitesten Sinne — und unter dem eines dynamischen Gegensatzes. Der ethische Gegensatz, den wir früher schon als einen inhaltlichen bezeichnet hatten, gipfelt in dem Gegensatz einer von Trieben beherrschten Lebensführung und einer Lebensführung, die sich geistigen Zweckmomenten unterordnet. Die psychologische Behandlung reduziert das Ethische dieses Gegensatzes auf einen dynamischen Gegensatz, auf die Dialektik zweier Bewusstseinsschichten. Vom dynamisch psychologischen Standpunkt aus würde ein Vordringen der willkürlichen Bewusstseinsschicht in die unwillkürliche einen Gewinn für die Kultur bedeuten. Aber was nach der dynamischen Seite gewonnen wird, geht nach der ethisch-inhaltlichen Seite der Kultur verloren, denn nach den Vierkandt'schen Voraussetzungen sind grade in der unwillkürlichen

Schicht die religiösen und sittlichen Prozesse verankert (S. 68 u. a.). Letztere würden also eine um so grössere Schwächung erfahren, je mehr die Kultur ihre psychische Eigentümlichkeit durchzusetzen strebt, d. h. die Kultur als rein psychologisches Problem gefasst, vernichtet sich selbst. In dem letzten Abschnitt seines Buches, der sich die „Gebrochenheit der Vollkultur" tituliert, streift Vierkandt bedenklich nahe diese Lösung bezw. Auflösung des Kulturproblems.

Vierkandt bezeichnet den auf der Kulturstufe mit Notwendigkeit vor sich gehenden Prozess der Zurückdrängung des Unwillkürlichen, Irrationalen als die Rationalisierung des Seelenlebens. Hierbei sind zwei Typen zu unterscheiden. Entweder erscheint die Schicht der willkürlichen Bewusstseinsakte als eine natürliche Fortsetzung der unwillkürlichen, oder die erstere steht zu der letzteren in einem Gegensatz (vgl. S. 407). Der erste Typus, der ein harmonisches Gleichgewicht zwischen den beiden Elementen der Vollkultur darstellt, ist sehr selten. Vierkandt übergeht ihn daher auch. Der zweite Typus, der durch eine „diskordante Lagerung" der Bewusstseinsschichten repräsentiert ist, begreift wiederum zwei Fälle unter sich: „Entweder setzt sich die obere Schicht zu der unteren in einen blossen Widerspruch, lässt sie aber bestehen, so dass die Kultur einem gewissen Dualismus verfällt, oder sie wirkt zerstörend auf die letztere ein, so dass sich eine gewisse Missachtung und Verdrängung des Unwillkürlichen sowohl in theoretischer wie praktischer Beziehung bemerkbar macht" (S. 407).

Der Fall des Widerspruchs äussert sich in dem Konflikt zwischen Intellekt und Gemüt. Die Kultur verfällt einem gewissen Dualismus. Im Mittelalter hat dies System der doppelten Wahrheit geherrscht. Dort war es noch möglich. Bei der raschen intellektuellen Bewegung der modernen Menschheit kann aber das Wort Pascal's: „Le coeur a ses raisons, que la raison ne connaît point" keine Geltung mehr beanspruchen. Der Konflikt zwischen Intellekt und Gemüt, der wohl beim Einzelnen bestehen kann, treibt aber im Ganzen der Kulturmenschheit über sich selbst hinaus zum zweiten Fall der Verdrängung des Unwillkürlichen. Und daraus ergeben sich schwere Folgen für die ganze Existenz der Kultur. Einige der wichtigsten wollen wir hier kurz andeuten.

Mit dem Zurückdrängen der irrationalen Elemente sehen wir einen „Amerikanismus" der Lebensführung um sich greifen. Eine reine technische Denkweise entnimmt ihre Zwecke nur dem persönlichen Nutzen und schreitet über die Forderungen der sozialen Zusammenhänge hinweg. Die Erleuchtung der dunklen Gefühlsregionen durch die Fackel des kritischen Intellektes bewirkt immer mehr eine Atomisierung oder Entwurzelung des Individuums. Diese besteht darin, „dass das Individuum sich nicht mehr mit seiner ganzen Umgebung, seinem Volke, seinem örtlichen und zeitlichen und metaphysischen Hintergrunde organisch und solidarisch verknüpft fühlt, sondern dass es sich deutlich von seiner ganzen Umgebung in seinem Bewusstsein abhebt und sich als etwas Zufälliges fühlt, das ebenso gut gar nicht oder unter ganz anderen Verhältnissen existieren könnte" (S. 360). Vierkandt bezeichnet diesen Vorgang als eine „unvermeidliche Folge der Ausprägung des Wesens der Vollkultur"[1]). Vor dem Ansturm der rationalen Motive kann sich auch die Religion nicht mehr halten, da die Religion nach

---

[1]) Wir erinnern hier an eine Skizze von Guy de Maupassant: „Wer hat Recht", wo diese typische Stimmung der absoluten Vereinsamung zu erschütternder Darstellung kommt.

Vierkandt ihre Wurzeln in der irrationalen Gefühlssphäre hat. Werden dieser die Quellen abgegraben, so muss auch die Religion verschwinden.

„Die Hemmung, welche die Lebendigkeit des religiösen Lebens durch die zunehmende Rationalisierung und Vergeistigung des Lebens erfährt, deutet darauf hin, dass eine in diesem Sinne reine und ausschliessliche Vollkultur zuletzt sich selbst verzehrt" (S. 445).

Wir brauchen diese Züge der Selbstauflösung der Vollkultur hier nicht weiter zu vermehren. Der letzte Abschnitt des Buches fasst sie noch einmal alle unter dem Titel der „Gebrochenheit der Vollkultur" zusammen.

Wir sind bis jetzt grösstenteils den Ausführungen Vierkandts gefolgt und haben die Konsequenzen des psychologischen Kulturproblems dargelegt. Als solche ergaben sich nicht nur Schwierigkeiten, die der Realisation der geistigen Werte entgegenstehen, sondern die fortschreitende rationalisierende Tendenz der Kultur droht die geistigen Werte selbst aufzulösen. Das trat z. B. deutlich bei der Religion hervor. Mit einer gewissen Notwendigkeit musste die Kultur in ihrer weiteren Entfaltung hinarbeiten auf eine Zersetzung ihrer eigenen Grundlage.

Wenn nun aber diese Notwendigkeit nicht verknüpft wäre mit dem Wesen der Kultur, sondern nur mit der psychologischen Fassung ihres Wesens? Und wenn diese psychologische Fassung grade Hauptmomente der Kultur gar nicht in sich enthielte, ja, wenn die psychologische Fassung überhaupt unfähig wäre das Wesen der Kultur auszudrücken?

Vierkandt giebt zwei Bestimmungen vom Wesen der Kultur. Die ethisch-inhaltliche Bestimmung erblickt das Wesen der Kultur in den absoluten Werten des geistigen Lebens, welches letztere hier als Kern und Ziel der Welt gilt¹). Nach der psychologischen Bestimmung besteht das Wesen der Kultur in dem Ueberwiegen der willkürlichen vor den unwillkürlichen Willensakten.

Nun ist von diesen beiden Bestimmungen die ethisch-inhaltliche die primäre, die notwendig schon gegeben sein muss, wenn das psychologische Kulturproblem überhaupt entstehen soll, denn der blos dynamische Gegensatz der beiden Bewusstseinsschichten ist ganz indifferenter Natur. Ein psychologisches Kulturproblem erwächst erst aus der Voraussetzung, dass die willkürlichen Bewusstseinsvorgänge sich auch behaupten sollen. Dies entspringt aber einer Wertqualifizierung, die nicht den willkürlichen Bewusstseinsvorgängen als solchen gilt, sondern den geistigen Inhalten, die in dieser Form auf der Kulturstufe erscheinen ²).

Ist also das ethisch-inhaltliche Wesen der Kultur das ursprünglich gegebene und gipfelt dies in der Existenz absoluter Werte³), so lässt sich von hier aus die psychologische Fassung des Wesens der Kultur als ein Unternehmen beurteilen absolute geistige Werte auf psychische Vorgänge zu reduzieren. Und hier ist der Punkt, wo die Kritik einzusetzen hat, wenn sie die Unhaltbarkeit des psychologischen Kulturproblems erweisen will.

¹) Vgl. dazu oben S. 13 und 14.
²) Ein Beweis hierfür liegt auch in der Zuordnung der Halbkulturvölker zu den Naturvölkern. Das geschieht nicht aus psychologischen Gründen, sondern weil bei den Halbkulturvölkern noch eine der Kulturstufe angemessene geistig-sittliche Lebensauffassung fehlt (cf. S. 8).
³) Wir lassen einstweilen das zweite Moment des ethisch-inhaltlichen Wesens der Kultur — das Geistesleben Kern und Ziel der Welt — aus, um der Darstellung eine leichtere Übersichtlichkeit zu geben.

Wir können unserer Kritik die Form eines allgemeinen Problems geben, nämlich des Problems vom Verhältnis der Werte zur Psychologie. In den letzten Dezennien, wo die psychologische Forschung weite Dimensionen angenommen hat, ist dieses Grenzproblem der Normwissenschaften häufig Gegenstand der wissenschaftlichen Diskussion gewesen. Dabei haben sich, wie es in der Natur der Sache lag, zwei Richtungen gebildet. Die eine Richtung sieht in den geistigen Werten [1]) qualitativ unableitbare Grössen, die zwar dem psychischen Sein angehören, die aber in ihrer qualitativen Eigentümlichkeit ganz ausserhalb des Gebietes der Psychologie liegen. Aus der blossen Thatsache ihrer seelischen Existenz kann nichts abgeleitet werden für ihr Recht und ihre Wahrheit. So sagt Sigwart (Logik Bd. I, S. 10, 2. Aufl.): „Der Gegensatz von wahr und falsch hat ebensowenig eine Stelle in ihr (der psychologischen Betrachtung) wie der Gegensatz von gut und böse im menschlichen Handeln ein psychologischer ist [2])."

Hiernach würde die psychologische Fassung der Kultur das ethisch-inhaltliche Wesen der Kultur, das sich in der Existenz absoluter Werte ausspricht, gar nicht treffen. Das Überwiegen der willkürlichen vor den unwillkürlichen Willensakten würde nur bedeuten, dass unter diesen seelischen Bedingungen das Wesen der Kultur zum Ausdruck kommt. Das psychologische

---

[1]) Wir behandeln hier die Frage der absoluten Werte nur kursorisch, um zum metaphysischen Kulturproblem zu gelangen, wo uns das Problem der absoluten Werte mehr prinzipiell beschäftigen wird.

[2]) Trotzdem kommt auch Sigwart letzthin nicht über die Psychologie hinaus, wenn er die Wahrheit der logischen Normen auf „das innere Gefühl der Evidenz" baut. Das ist die gefährliche psychologistische Achillesferse, mit der jede immanente Logik behaftet ist, die eine metaphysische Begründung a limine abweist.

Wesen der Kultur verhält sich zum ethisch-inhaltlichen wie das psychologische Wesen der Urteilsfunktion zum logischen Wesen des Urteils. Und wie das psychologische Problem der Urteilsfunktion noch gar nicht das logische Problem des Urteils berührt, so berührt das psychologische Kulturproblem noch gar nicht das ethisch-inhaltliche Problem der Kultur. Während die Vertreter der eben geschilderten Richtung der Psychologie vor dem „Dass" der Werte Halt gebieten, und die Begründung der Rechtsfrage aus andern Znsammenhängen erwarten, lässt die andere Richtung, der man den Namen „Psychologismus" gegeben hat [1]), die Werte auch vollständig absorbiert werden von der Psychologie. Die Werte sind psychische Phänomene also — so schliesst man — kann ihr Wesen auch nur durch die psychologische Zergliederung erkannt werden. Diese hat die einzelnen psychischen Elementarfaktoren aufzuzeigen, welche durch die Konstanz ihrer Verbindung die Existenz dieses bestimmten Wertes zu stande bringen.

Auf dem Boden dieses Psychologismus kann natürlich von absoluten Grössen keine Rede sein. Der Unterschied zwischen dem natürlichen Seelenleben, das nur Lust und Unlust kennt, und dem von geistigen Werten beherrschten ist nur ein quantitativer. Die Frage nach der Wahrheit der Werte kann hier gar nicht aufkommen; sie sinkt von vorneherein in sich selbst zusammen.

Die psychologische Fassung des Wesens der Kultur erzeugte das psychologische Kulturproblem. Um den zerstörenden Konsequenzen desselben zu ent-

---

[1]) Hierher gehören u. a. Elsenhaus, Marty, Brentano, die Münchener Psychologenschule unter der Führung von Lipps.

gehen, untersuchten wir es auf seine Voraussetzung hin. Diese Voraussetzung war die Möglichkeit der Reduktion absoluter Werte auf psychische Vorgänge. Bei der Verneinung dieser Möglichkeit konnte das psychologische Kulturproblem nicht den Anspruch erheben auch über das Recht und Wahrheit des ethisch-inhaltlichen Wesens der Kultur entscheiden zu können. Das war ein mehr indirekter Beweis seiner Unhaltbarkeit. Direkt aber ergab sich seine Unhaltbarkeit, wenn die Möglichkeit bejaht wurde, denn damit befinden wir uns auf dem Boden des Psychologismus, der absolute Werte nicht anerkennen kann. Das psychologische Kulturproblem, das grade über das Schicksal der absoluten Werte Belehrung geben wollte, hat sich dazu als prinzipiell unfähig erwiesen. —

Eng mit dem psychologischen Kulturproblem hängt die sozialpsychologische Betrachtungsweise des geistigen Lebens zusammen. Die geistigen Inhalte erscheinen der Sozialpsychologie als Produkte der Gesamtheit.

Ist nun die sozialpsychologische Anschauung des geistigen Lebens im stande die Existenz absoluter Werte zu stützen und damit dem ethisch-inhaltlichen Wesen der Kultur gerecht zu werden? Wie bei der Individualpsychologie können wir auch hier die vorliegende Frage auf die Problemformel vom Verhältnis der Sozialpsychologie und der absoluten Werte bringen und unter dem Gesichtspunkt einer doppelten Möglichkeit betrachten.

Die Sozialpsychologie kann einmal rein descriptiv den Werten gegenüberstehen und blos ihre besondere Färbung aus den gesellschaftlichen Zusammenhängen heraus begreiflich zu machen suchen [1]. Nach dieser

---

[1] Vgl. Höffding, Psychologie S. 33.

Auffassung behandelt die Sozialpsychologie die Werte immer schon als gegeben und rechnet mit ihnen als mit gegebenen Grössen, ohne etwas darüber ausmachen zu können, woher sie ihre Absolutheit nehmen. Die Sozialpsychologie als rein descriptive Disziplin kann absolute Werte nicht begründen und erweist sich damit als unfähig zur Behandlung des ethisch-inhaltlichen Wesens der Kultur.

Nun aber hat die Sozialpsychologie in neuerer Zeit ein genetisches Moment in sich aufgenommen. Sie will den Werdegrund abgeben, aus dem alle Inhalte des geistigen Lebens wie Religion, Ethik, Recht etc. ihren Ursprung genommen haben, und von dem sie getragen werden. „Der Geist ist das gemeinschaftliche Erzeugnis der menschlichen Gesellschaft[1]."

Vom Standpunkt dieser genetischen Sozialpsychologie sind aber alle Werte im Fluss des historischen Entstehens und Vergehens, und es ist unmöglich von dieser empirischen Lage aus einen Punkt zu fixieren, von dem aus die Werte als absolute bezeichnet werden könnten. Im Gegenteil, die einzige Absolutheit, welche die Sozialpsychologie den Werten geben könnte, wäre die Absolutheit der Relativität. So scheitert die Sozialpsychologie mit dem Unternehmen, aus eigenen Zusammenhängen absolute Werte zu begründen; in ihrem Versuche dies zu thun, wird sie eine heute besonders weit verbreitete Spielart des Psychologismus, die wir als „Sozialpsychologismus" bezeichnen.

Wir wenden uns jetzt der zweiten Voraussetzung des ethisch-inhaltlichen Wesens der Kultur zu: dass das Geistesleben „Kern und Ziel der Welt sei" und

---

[1] Zeitschrift für Völkerpsychologie und Sprachwissenschaft. Bd. I, S. 3.

fragen, ob die psychologische Fassung des Wesens der Kultur eine Begründung dieser These geben kann. Nun sind Individual- und Sozialpsychologie von vorneherein dazu unfähig, denn ihr Erkenntnisobjekt ist auf die Immanenz beschränkt. Eine Antwort können wir daher nur von der Metaphysik Vierkandt's erwarten.

Ist mit der Behauptung der kosmisch zentralen Stellung des Geisteslebens auf der Kulturstufe eine metaphysische Thatsache von objektiver Bedeutung ausgesprochen, oder spielt sich diese durchgreifende Wandlung des Weltbildes nur im Bewusstsein des Kulturindividuums ab, und entspricht ihr keine transsubjektive Realität?

Vierkandt war, wie wir oben sahen, aus methodologischen und sozialpsychologischen Gründen dahin gelangt auch „alles menschliche Leben und Sein" als „ein Stück Natur" zu betrachten. Es war der Begriff der Stetigkeit, der es dem Metaphysiker Vierkandt verbot einen Wesensunterschied zwischen Natur und Kultur zu statuieren und ihn veranlasste, auch im menschlichen Geistesleben nichts anderes zu sehen als eine quantitative Komplikation naturgegebener Grössen (vgl. dazu bes. S. 14, Entwicklung des sittlichen Lebens). Somit entspricht der Aussage des Kulturbewusstseins oder wie Vierkandt es nennt des „sozialen Selbstbewusstseins", dass das Geistesleben Kern und Ziel der Welt sei, keine Realität.

Vierkandt nimmt seine metaphysische Position in Gestalt eines evolutionistischen Spinozismus auf dem Boden der Natur. Das in der Kultur zu Tage tretende Geistesleben soll nun aber kulturphilosophisch den Kern der Wirklichkeit bilden, während es metaphysisch ein bedeutungsloses Anhängsel der übrigen Natur ist [1]).

Also während auf der Kulturstufe das Sein sich gleichbleibt, tritt trotzdem eine radikale qualitative Wertverschiebung diesem Sein gegenüber ein. Vom Sein aus betrachtet, bedeutet die ganze Kultur nur eine Gradverschiedenheit gegen die Natur; vom Wert aus betrachtet, bedeutet die Kultur eine qualitative Wesensverschiedenheit gegen die Natur. —

Wir wollten die Unhaltbarkeit des psychologischen Kulturproblems nachweisen. Wir thaten das in individualpsychologischer, sozialpsychologischer und metaphysischer Richtung. Als Resultat konnten wir feststellen, dass die psychologische Fassung der Kultur in keiner Weise dem ethisch-inhaltlichen Wesen der Kultur gerecht werden kann. Die Kritik hat aber noch ein anderes Ergebnis zu Tage gefördert, das wir jetzt genauer ins Auge fassen wollen.

Das psychologische Kulturproblem hatte als feststehende Voraussetzung das ethisch-inhaltliche Wesen der Kultur. Dieses ruhte auf zwei Momenten: 1. Die Existenz absoluter Werte und damit verbunden 2. die kosmisch-zentrale Stellung des Geisteslebens. Das erste Moment fiel ausserhalb der Begründungsmöglichkeit des psychologischen Kulturproblems. Das zweite Moment hingegen wurde als subjektive Illusion eines hochgespannten, sozialen Selbstbewusstseins erkannt; das Weltbild, das von Vierkandt scheinbar als notwendige Konsequenz der Ergebnisse der modernen

---

[1]) Wenn Vierkandt an einer Stelle S. 250 auch das menschliche Leben „angesichts seiner idealen Regungen und Kräfte als ein Stück höherer Natur" betrachtet wissen will, so sehen wir darin nur eine Velleität des Ausdrucks, die uns nur interessant ist als Zeichen des Streites zwischen dem Kulturphilosophen und dem Metaphysiker Vierkandt.

Wissenschaft unterworfen wird, hat keinen Raum mehr für die metaphysische These vom Geistesleben, welche das ethisch-inhaltliche Wesen der Kultur verlangt. Was bedeutet das aber? Vor allem bewegen wir uns jetzt nicht mehr auf dem Boden des psychologischen Kulturproblems[1], denn dieses nahm die kosmisch-zentrale Stellung des Geisteslebens ununtersucht hin. Wird aber die kosmisch-zentrale Stellung des Geisteslebens in Frage gezogen, ja geradezu negiert, so werden wir über das psychologische Kulturproblem hinausgetrieben zu dessen Voraussetzung, dem ethisch-inhaltlichen Wesen der Kultur. Da dieses aber an bestimmte metaphysische Bedingungen hinsichtlich der Stellung des Geisteslebens gebunden ist, diese Bedingungen aber im Widerstreit mit dem evolutionistischen Spinozismus Vierkandts stehen, so wird dadurch auch das ethisch-inhaltliche Wesen der Kultur in Mitleidenschaft gezogen und aus der selbstverständlich hingenommenen Thatsache der Kultur wird ein Problem; aber angesichts der hier in Betracht kommenden Fragen ein metaphysisches Problem. Wir sind bei der Frage der Möglichkeit der Kultur überhaupt angelangt, beim metaphysischen Kulturproblem.

Das metaphysische Kulturproblem.

Das psychologische sowohl wie das metaphysische Kulturproblem haben das Geistesleben zum Vorwurf; aber in der Behandlung desselben unterscheiden sie sich prinzipiell. Das psychologische Kulturproblem nimmt das Geistesleben als gegebene Thatsache hin

---

[1] Das psychologische Kulturproblem hebt die Kultur auf, wenn es das einzige sein will. Als ein Unterproblem des metaphysischen Kulturproblems ist es völlig berechtigt, indem es die inneren Realisationsschwierigkeiten des ethisch-inhaltlichen Wesens der Kultur zeigt.

und untersucht die Realisationsschwierigkeiten der geistigen Inhalte innerhalb des Dualismus der beiden Bewusstseinsschichten. Das metaphysische Kulturproblem hat einzig und allein mit dem Geistesleben zu thun ohne Beziehung auf irgend welche psychologische Realisationsschwierigkeiten. Es untersucht, welche Wahrheit den Forderungen des Geisteslebens, Kern und Ziel der Welt zu sein, zukommt; ob und wie diese Forderungen sich aufrecht erhalten lassen vor dem wissenschaftlichen Bewusstsein der Gegenwart. Damit sieht das metaphysische Kulturproblem sich vor eine Aufgabe gestellt, welche jenseits aller empirisch-psychologischen Untersuchungen liegt. Oder anders ausgedrückt: Das psychologische Kulturproblem fragt: „Wie weit ist Kultur[1]) möglich?" Das metaphysische Kulturproblem fragt: „Wie ist Kultur überhaupt möglich?"

Dass wir zur Aufwerfung dieser Radikalfrage berechtigten Grund haben, wird sich genauer erweisen, wenn wir die Unterhöhlung der metaphysischen Grundlage der Kultur mehr ins Einzelne verfolgen. Zugleich wird dabei noch die methodische Verschiedenheit des psychologischen und metaphysischen Kulturproblems schärfer hervortreten.

Wir sind auf das metaphysische Kulturproblem hingelenkt worden als sich herausstellte, dass die eine Voraussetzung der Kultur, die zentral-kosmische Stellung des Geisteslebens von dem evolutionistischen Spinozismus Vierkandt's aufgehoben wurde. Damit versank eine Hauptforderung des sozialen Selbstbewusstseins ins Subjektive. Wenden wir uns jetzt zur Re-

---

[1]) Der Einfachheit halber ist statt „ethisch-inhaltliches Wesen der Kultur" von nun an schlechthin „Kultur" gesetzt.

ligion und Ethik, so wird uns hier ein Gleiches begegnen. Das Zurücktreten, ja das unvermeidliche Aussterben der Religion war eine der Konsequenzen, die sich aus dem psychologischen Kulturproblem ergaben. Als Grund wurde angeführt die zunehmende Rationalisierung des Seelenlebens, welche die Schicht des Unwillkürlichen, Unbewussten immer mehr zurückzudrängen strebt. In dieser dunklen Gefühlssphäre wurzelt aber nach Vierkandt die Religion. Hiermit mussten wir uns vom Standpunkt des psychologischen Kulturproblems aus zufrieden geben. Das metaphysische Kulturproblem aber, das die Wahrheitsfrage des Geisteslebens aufnimmt, richtet diese auch an die Religion. Und da zeigt sich dann, dass es mehr als psychologische Motive sind, an denen die Religion zu Grunde geht. In dem Abschnitt: „Das religiöse Leben der Vollkultur" (S. 372) lesen wir bei Vierkandt: „Bei der Entwickelung des sozialen Selbstbewusstseins kommt ferner jene allgemeine Selbstbesinnung in Betracht, welche die Menschheit im Reiche der Vollkultur vollzieht und vermöge deren sie sich darauf besinnt, dass sie Schöpferin ihres religiösen Lebens ist, und dass alle religiösen Lehren und Vorschriften Projektionen ihrer eigenen seelischen Vorgänge bedeuten."

Also der reinste Feuerbach'sche Illusionismus als Resultat der Kulturbewegung! Dabei kann es freilich dann nicht Wunder nehmen, wenn das religiöse Leben auf der Höhe der Kultur untergehen muss; aber dies geschieht nicht aus psychologischen Gründen, wie Vierkandt uns glauben machen möchte, sondern weil von vornherein der Religion keine objektive Wahrheit zukommt, und dies mit der auf der Kulturstufe sich entwickelnden kritischen Denkschärfe zum Bewusstsein kommt. So deckt das metaphysische Kulturproblem hier erst die ganze Schwierigkeit auf und zeigt, dass bevor man die psychologischen Schwierigkeiten der Religion auf der Kulturstufe erfassen will, man sich erst der Wahrheit der Religion vergewissern muss. Noch einmal sei es gesagt: Die Religion ist metaphysisch schon zu Tode verurteilt, und das psychologische Kulturproblem zeigt nur ihre Todeskämpfe.

Hiernach können wir uns von dem Idealismus Vierkandt's ein Bild machen, wenn er S. 468 schreibt: „Da die religiöse Betrachtungsweise der Dinge eine besondere Form des Idealismus überhaupt bildet, so muss jede Schwächung der ersteren auch den letzteren treffen." Aber nachdem Vierkandt einmal die objektive Unwahrheit der religiösen Betrachtungsweise verkündet hat, kann es sich doch nicht mehr um eine Schwächung derselben handeln, sondern nur um ein radikales Aufgeben des als blosse Phantasmagorie Erkannten.

Beim Zusammenbruch aller objektiven Grössen bleibt als rocher de bronze noch die Ethik. Ihr will Vierkandt den absoluten Charakter bewahrt wissen, in ihr sieht er das letzte Kriterium Aller geistigen Güter und Werte. Ja, er glaubt, dass die Reduktionen auf ästhetischem und religiösem Gebiet keine wesenhaften Verluste für die Vollkultur bedeuten, da „die letzte Instanz für alle menschlichen Werte die sittliche ist" (S. 454). Wenn man dabei noch an die Aeusserungen denkt, welche den sittlichen Aufgaben der Vollkultur einen geistigen Welthintergrund geben (S. 143, 245), so sollte man erwarten, dass Vierkandt im Ethischen mehr sieht als eine blosse Privatangelegenheit der Menschheit. Aber auch darin sehen wir uns getäuscht. In den Ausführungen, in denen Vierkandt die Verdienste Kant's um die Entwicklung sozialpsychologischer Vorstellungen behandelt, tritt mit unverhüllter Deutlichkeit die Versubjektivierung des Ethischen zu Tage. Es heisst dort S. 38: „Zunächst ersetzt Kant den bisherigen Materalismus in der Betrachtung der Welt durch eine idealistische Denkweise, welche den Dualismus zwischen Geist und Körper zu Gunsten des ersteren überbrückt. In ihm vollzieht sich gleichsam ein Stück Selbstbesinnung der modernen, sich zunehmend auf ihre eigenen geistigen Werte besinnenden und zur Herrschaft über die Aussenwelt gelangenden Menschheit; aus ihm spricht jenes Selbstbewusstsein der modernen Menschheit, welches sich des unbedingten Mehrwertes alles geistigen Seins so sicher bewusst ist, dass es in der ganzen Körperwelt hinfort nur die Mittel für die Realisierung geistiger Zwecke zu erblicken vermag."

Bei Kant finden sich nach Vierkandt aber eine Reihe von Rückständigkeiten, und zu diesen rechnet er „jene Substanzialisierung der Ideale in Gestalt einer übersinnlichen Welt, die wiederum mit der von ihm so nachdrücklich vertretenen aktuellen Denkweise, „gemäss der jene Ideale nur die Bedeutung letzter Ziele im menschlichen Leben beanspruchen dürfen, aufs schärfste kontrastierte" (S. 41). Wenn aber die ethischen Ideale nur die Bedeutung letzter Ziele im menschlichen Leben haben, nur Normen unseres subjektiven Lebenskreises sind, wie darf dann das soziale Selbstbewusstsein behaupten, dass unsere höchsten ethischen Werte Kern und Ziel der Wirklichkeit sind? Was für das individuelle Selbstbewusstsein Unwahrheit ist, wird doch nicht durch die

Behauptung des sozialen Selbstbewusstseins zur Wahrheit.

Nunmehr können wir das metaphysische Kulturproblem auf ein wissenschaftlich zugängliches Problem bringen. Wir sahen, dass auf der ganzen Linie die Behauptungen der Kultur hinsichtlich des transzendenten Weltcharakters des Geisteslebens in Nichts zusammensanken, wenn wir mit der Frage nach ihrer Wahrheit an sie herangingen. Wir konnten diese Frage nur aufnehmen vom Boden derjenigen Weltanschauung, die dem Werke Vierkandt's zu Grunde liegt, und die wir als evolutionistischen Spinozismus bezeichnet haben. Hier sind nun zwei Möglichkeiten gegeben. Entweder die Kultur hat Recht mit ihrer These von der kosmisch zentralen Stellung des Geisteslebens, dann muss man den evolutionistischen Spinozismus aufgeben, oder aber der evolutionistische Spinozismus ist das letzte Wort der Wissenschaft, dann ist Kultur unmöglich. Tertium non datur. So hängt die Möglichkeit der Kultur an der kosmisch-zentralen Stellung des Geisteslebens, und wir können das metaphysische Kulturproblem bestimmen als das Problem von der Stellung des Geisteslebens.

Indem wir das methaphysische Kulturproblem als das Problem von der Stellung des Geisteslebens bestimmt haben, sind wir an einem Knotenpunkt unserer Arbeit angelangt, von dem aus sich neue Gedankenperspektiven eröffnen. Vor allem haben wir mit dieser Problemstellung den Begriff der Kultur abgelöst von der Willkürbestimmung des Subjekts und ihn zugleich aus der Sphäre vager Zeitstimmungen auf die Höhe wissenschaftlicher Betrachtung gehoben.

Aber damit haben wir zugleich ein neues Problem aufgenommen, das wir nicht mit Stillschweigen übergehen dürfen, ohne uns der Erschleichung schuldig zu machen. Wir haben nämlich aus einer blos geschichtlichen Thatsache eine metaphysische Thatsache gemacht. Und das bedarf der näheren Erörterung. Die Kultur ist als eine von der Natur sich abhebende Lebensstufe der Menschheit vorerst ein rein geschichtliches Faktum. Zur Feststellung dessen, was Kultur ist, ist uns nur das geschichtlich Ueberkommene gegeben. Aber alles Geschichtliche ist rein als solches betrachtet zufällig[1], dem Wandel des Augenblicks unterworfen. In diesem Sinne zufällig ist auch die Bestimmung des ethisch inhaltlichen Wesens der Kultur bei Vierkandt. Nirgends finden wir bei ihm eine Begründung der die Kultur tragenden beiden Momente: Der Existenz absoluter Werte[2] und der kosmisch zentralen Stellung des Geisteslebens. Sie sind ihm überkommen aus dem geschichtlich vorliegenden Befunde der Kultur. Wäre es aber nicht möglich, dass die geschichtlich gewordenen Voraussetzungen der Kultur hinfällig geworden sind durch die veränderte wissenschaftliche Lage der Gegenwart? Auch die supranaturalistische Offenbarungsreligion ist uns aus der Vergangenheit überliefert, aber können wir dieselbe aus diesem blos geschichtlichen Grunde heute noch als Wahrheit annehmen? Verlangt nicht alles geschichtlich Ueberlieferte eine Begründung aus der

[1] Damit soll selbstverständlich nicht gesagt sein, dass geschichtliche Thatsachen nicht untereinander kausal bedingt sind. Aber was rein vom Standpunkt der Geschichte in kausaler Verkettung erscheint, gilt vom Standpunkt der Vernunft aus betrachtet als zufällig.

[2] Bei der Bestimmung des metaphysischen Kulturproblems als des Problems von der Stellung des Geisteslebens haben wir mit Absicht dieses Moment ausser acht gelassen, denn, wie sich später zeigen wird, sind absolute Werte nur möglich bei der kosmisch zentralen Stellung des Geisteslebens.

Gegenwart, ja aus einer zeitlosen Gegenwart, wenn es Wahrheit für uns sein soll? Nirgends mehr als bei der Geschichte des Geistes hat Spinoza's Wort recht, dass ein Erkennen nur sub specie aeterni möglich ist. — In dem Werke Vierkandt's ist der Kulturbegriff verknüpft mit der These von der kosmisch-zentralen Stellung des Geisteslebens. Eine geschichtliche Induktion vermag niemals die Notwendigkeit dieser Verknüpfung darzuthun und uns eine universale, für alle Zeiten gültige Lehre zu geben, dass Kultur als solche auf dieser metaphysischen These ruht. Dazu bedarf es einer gesonderten metaphysischen Untersuchung, die aber nicht durchgeführt werden kann, ohne zugleich die Frage nach dem Recht und der Wahrheit dieser These mitaufzunehmen. Die Kultur stellt die Forderung einer kosmisch zentralen Stellung des Geisteslebens auf Grund des unbedingten Wertes, welche das geistige Leben auf der Kulturstufe hat.

Dass die Geschichte für die Wahrheit dieser Forderung nichts ausmachen kann, haben wir gesehen. Noch unzureichender ist aber dafür die Psychologie, mit der man heute die grossen metaphysischen Fragen zu erledigen pflegt.

Dass das geistige Leben auf der Kulturstufe als Kern und Ziel der Wirklichkeit angesehen wird, ist psychologisch verständlich bei der Bedeutung, welche das geistige Leben auf der Kulturstufe besitzt. Man kann sogar eine gewisse psychologische Notwendigkeit dafür geltend machen und aus der Geschichte mit Beispielen belegen, dass der Mensch das, was sein Innenleben stark bewegt, in das All projiziert. Auf dieser selben psychologischen Notwendigkeit beruht aber auch die Weltbetrachtung der Naturvölker, die ihr eigenes, von Trieben beherrschtes Innenleben auf das All übertragen. Ihnen erscheint die Wirklichkeit als „eine zusammenhangslose Masse von Erscheinungen, deren inneres Wesen sich in einer Reihe von Dämonen und göttlichen Gewalten darstellt, deren Kern unberechenbare Launenhaftigkeit und willkürliches Handeln ausmacht".

Der Mensch auf der Naturstufe bleibt nun allerdings beim psychologisch Notwendigen stehen; er nimmt sein eigenes Leben ebenso als eine gegebene Thatsache hin wie die äussere Natur. Der Mensch auf der Kulturstufe kann aber bei dem psychologisch Notwendigen nicht stehen bleiben. Er überschreitet es thatsächlich überall da, wo er als selbständige Persönlichkeit denkt oder handelt. Die Notwendigkeit des Logischen im Betriebe der Wissenschaften lässt alle psychologische Notwendigkeit weit hinter sich, ja sie steht meistens gradezu in einem Gegensatz zu derselben. Bei der These der kosmisch-zentralen Stellung des Geisteslebens sich mit der psychologischen Notwendigkeit genügen lassen, bedeutet ein schwächliches Ausweichen gerade an dem Punkte, von dem aus erst alles geistige Ringen der Menschheit einen Sinn bekommt, bedeutet das Grosszüchten einer inneren Unwahrheit, die nirgends entsittlichender wirkt als bei den letzten Fragen unserer geistigen Existenz.

In der Kultur soll so gehandelt werden, als ob das Geistesleben Kern und Ziel der Wirklichkeit wäre. Das metaphysische Problem lautet daher: hat das Geistesleben diese kosmisch-zentrale Stellung?

Eine vornehm thuende Philosophie mag dieses Problem als unwissenschaftlich, als allzu metaphysisch unerledigt bei Seite schieben; wir halten es für ein Zeichen noch grösserer Unwissenschaftlichkeit wirklich vorliegenden Problemen aus dem Wege zu gehen, weil sie nicht in den engen Kreis dogmatisch festgelegter Probleme hineinpassen [1]).

Vierkandt sieht den fundamentalen Unterschied zwischen den Natur- und Kulturvölkern in ihrer verschiedenen Stellung zum geistigen Leben. Bei den Naturvölkern ist das geistige Leben noch nicht zur Selbständigkeit gelangt; bei den Kulturvölkern ist es zum Selbstzweck geworden. Damit hat Vierkandt ein geschichtliches Faktum konstatiert. Er könnte dabei stehen bleiben, wenn nicht zugleich mit der geschichtlichen Thatsache ethische Forderungen und metaphysische Behauptungen gesetzt wären. Auf der Kulturstufe wird das geschichtlich Gewordene nicht blos behandelt als das, was ist, sondern zugleich als das, was sein soll. Damit wird die Thatsache der Kultur zugleich eine Aufgabe, die alle Kräfte des Menschen anspannt. Das materielle Leben sinkt herab zu einem Mittel für die Verwirklichung geistiger Zwecke. Diese geistigen Zwecke nehmen die ganze Idealität des Menschen in sich auf und wachsen zu einer geistigen Wirklichkeit aus, die der vom sittlichen Bewusstsein getragene Gedanke als den Kern der Welt proklamiert.

Liegen aber in der geschichtlichen Thatsache der Kultur so viele Forderungen und Thesen, ist die Kultur so verknüpft mit den letzten Idealtendenzen des Menschen, dann lässt sich nicht stehen bleiben bei der Geschichte, dann muss die Geschichte ihr Recht erweisen. Das kann nicht wieder von der

---

[1]) Windelband, der in seinen „Präludien" den neukantischen Standpunkt der Bewusstseinsimmanenz sehr schroff vertritt, nennt dort einmal die Philosophie die „entsagungsvolle Wissenschaft vom Normalbewusstsein". Danach fallen ungefähr dreiviertel aller philosophischen Probleme ausserhalb der Philosophie. Die Methoden haben sich aber nach den Problemen, nicht die Probleme nach den Methoden zu richten.

Geschichte aus geschehen. Die Wertung der Geschichte kann nur ausgehen von einer Gesamtauffassung des Geisteslebens. Erst von dieser Gesamtauffassung aus kann über Wahrheit und Recht des in der Kultur zu Tage getretenen geistigen Lebens entschieden werden und damit zugleich über die Wahrheit der ganzen Kultur. Das bedeutet aber ebenfalls die bis jetzt blos geschichtliche Thatsache der Kultur aus ihrer Zufälligkeit befreien und sie zur Notwendigkeit erheben. Damit erst gewinnen wir ein Recht zur Kritik und Abweisung aller Bestrebungen, welche mit der Vergangenheit brechend, willkürlich neue Kulturgrundlagen legen wollen. Man denke z. B. an Nietzsche. Vom Standpunkt der blossen Geschichte stehen wir wehrlos jedem Bilderstürmer gegenüber, der in Sachen der Kultur studiosus rerum novarum ist. Und das ist unsere Zeit, der wir den gerühmten historischen Sinn auf geistigem Gebiete absprechen. Die Gegenwart erstickt vor Geschichte und ist zugleich vor lauter Geschichte ungeschichtlich. Wir stehen vor dem Abgrund des Unhistorischen; was eine mehrtausendjährige Arbeit der Menschheit an geistiger Vertiefung errungen hat, sehen wir dem Bewusstsein der Gegenwart entschwinden. Noch nie gab es, selbst nicht in der verachteten Aufklärungszeit, einen grösseren Bruch mit der Geschichte, als ihn die vom Naturalismus beherrschte Gegenwart vollzieht, ohne es zu wissen. —

Also die Kultur verlangt zu ihrer Bewahrheitung einer Metaphysik. Das ist nun nicht etwas so schlimmes, wie es sich viele vorstellen, wenn sie sagen: man solle doch aufhören unsere höchsten Güter an das traurige Schicksal der Metaphysik zu ketten. Einmal ist die Verbindung nicht der Willkür der Menschen entsprungen, sondern im Wesen unserer höchsten Güter liegt ein hinübergreifender Zug ins Metaphysische; das blosse Moment, dass sie sich über den Wandel des Augenblicks erheben und einen Zug von Ewigkeit an sich tragen, führt die denkende Betrachtung über den Wechsel der sinnlich gegebenen Welt hinaus und lässt den Menschen nach einer Verankerung in metaphysischen Zusammenhängen ausspähen.

Dann aber: Finden wir bei Vierkandt, den Soziologen und Sozialphilosophen nicht auch eine Metaphysik und zwar die schlimmste, die es giebt, die Metaphysik der Selbstverständlichkeit. Allgemeine naturwissenschaftliche Thatsachen und Gesetze werden über sich selbst verlängert. Die Fäden von Abstraktionen wie Gesetz, Entwicklung, Stetigkeit etc. laufen hinter der sinnlichen Weltbühne zusammen und geben einen metaphysischen Knoten, der stark genug erscheint, um Gott und Mensch daran anzuhängen. Wissenschaftlich formuliert wird eine solche Metaphysik als Aufgabe der Philosophie, die darin bestehen soll, die Resultate der Einzelwissenschaften — worunter meistens die Naturwissenschaften verstanden werden — zu verallgemeinern und unter einander in Beziehung zu setzen. Wir müssen eine derartige Metaphysik aber ablehnen, weil sie grade — wie sich noch genauer zeigen wird — den spezifischen Thatsachen und Problemen des Geisteslebens nicht gerecht werden kann.

Welcher Art aber muss die von uns geforderte Metaphysik sein? Die Transzendentalfrage der Kulturphilosophie: Wie ist Kultur möglich? muss uns hier den Weg weisen. Diese Transzendentalfrage bedeutet, was muss wirklich und gegeben sein, damit Kultur, die als Thatsache vorliegt, überhaupt sein kann. Nun sahen wir, dass die aus der geschichtlichen Thatsache der Kultur hervorspringende Forderung einer kosmisch-zentralen Stellung des Geisteslebens die These war, auf die alles ankommt. Und es handelt sich jetzt darum dieselbe aus dem Gebiet geschichtlicher Zufälligkeit in das Gebiet metaphysischer Notwendigkeit hinüberzuleiten. Dass eine derartige These nur aus einer idealistischen Metaphysik ihre Begründung finden kann, leuchtet von vorneherein ein. Zugleich liegt es auch in der Natur der Aufgabe, dass dieser Idealismus seinen Ausgangs- und Ansatzpunkt in den Thatsachen des geistigen Lebens nimmt. Darin treffen wir zusammen mit einem Streben der Zeit von den Geisteswissenschaften aus zu einem neuen Idealismus zu gelangen. —

Eine bedeutsame Verschiebung macht sich im allgemeinen Zeitbewusstsein geltend hinsichtlich des Erkenntniswertes der Naturwissenschaften. Glaubte man noch vor ein paar Dezennien, dass nur die Naturwissenschaften dem Menschen alle Tiefen der Welt erschliessen könnten, so war der Ruf des Dubois Reymond: „Ignoramus et semper ignorabimus" der Anfang vom Ende dieses Glaubens [1]. Die erkenntnistheoretische Besinnung des Neukantianismus kam noch dazu. In naturwissenschaftlichen Kreisen ist die Tendenz im Anwachsen begriffen auf alle Naturerklärung zu verzichten, um desto sicherer die reine Naturbeschreibung walten zu lassen [2]. Damit hat die Natur-

---

[1] Vgl. auch dazu die genauere Formulierung Dilthey's in der „Einleitung zu den Geisteswissenschaften", S. 12—17.

[2] Sehr scharf tritt diese Tendenz zu Tage in den „populär wissenschaftlichen Vorlesungen" von E. Mach und hier besonders in dem Aufsatz: „Die ökonomische Natur der physikalischen Forschung." Vgl. auch Ostwald: „Die Überwindung des wissenschaftlichen Materialismus."

wissenschaft den Anspruch aufgegeben eine abschliessende Welterklärung zu geben. Die Phrase von der „naturwissenschaftlichen Weltanschauung" ist überhaupt ohne Sinn, denn die Naturwissenschaften haben nur viele Geheimnisse auf wenige reduziert, und diese lässt sie auf sich beruhen. Dadurch grade hat die Naturwissenschaft ihre Grösse erreicht, dass sie es verstanden hat, alle metaphysischen Probleme soweit abzublenden, dass die Sicherheit ihres methodischen Grundbaues in keiner Weise gefährdet und beeinflusst wird. In diesem Punkte treibt sie die aufstrebenden Geisteswissenschaften zur Nacheiferung an. Herrscht auch im Gebiet der Geisteswissenschaften noch grosser Methodenstreit[1]), so besteht doch mehr oder minder darin Übereinstimmung, die metaphysischen Fragen, die sich an die geistigen Thatsachen knüpfen, so weit als möglich zurückzuschieben, um den geisteswissenschaftlichen Untersuchungen die Sicherheit der Naturwissenschaften zu geben. Auch das Begriffsgerüste, das sich so fruchtbar erwiesen hat, wird grösstenteils mit herübergenommen.

So hofft Vierkandt, dass „dieselbe wissenschaftliche Denkweise, welche seit der Renaissance in das Gebiet der Naturbetrachtung siegreich eingedrungen ist, auch bei der Betrachtung des geistigen Lebens sich die Herrschaft erwerben wird" (S. 58).

Das soll dadurch geschehen, dass die Begriffe der Kausalität und der Gesetzmässigkeit in den Mittelpunkt der wissenschaftlichen Betrachtungsweise ge-

---

[1]) Wir erinnern hier u. a. an Werke wie Dilthey's „Einleitung in die Geisteswissenschaften", Windelband's Rektoratsrede: „Geschichte und Naturwissenschaft", Rickert: „Grenzen der naturwissenschaftlichen Begriffsbildung", Wundt: Logik II, Carl Menger: „Untersuchungen über die Methode der Sozialwissenschaften." Auch der Streit um die Begriffsbestimmung der Psychologie gehört hierher.

stellt werden. Daran schliesst sich noch, als besonders den Thatsachen des geistigen Seins eigen, der Entwicklungsbegriff. Der Entwicklungsbegriff giebt nach Vierkandt dem geistigen Leben eine eigene Position gegenüber der Natur.

„Hat also das geistige Leben einen andern Charakter als das der Natur, so wird sich für eine abschliessende philosophische Betrachtung der Idealismus nicht mehr blos aus dem theoretischen Grunde empfehlen, dass unser eigenes Sein uns leichter begreiflich ist als das materielle, sondern auch durch die sachliche Erwägung, dass die Thatsache der Entwickelung erst in den Eigentümlichkeiten des geistigen Seins zum vollen Ausdruck gelangt" (S. 67).

Dieser Versuch Vierkandt's von den Geisteswissenschaften aus einen Idealismus zu begründen, trägt eine zeitgeschichtliche Signatur, und wenn wir diesen Versuch daher einer kurzen Kritik unterziehen, so weisen wir damit eine Fehlrichtung der Zeit auf.

Vierkandt will sich für den Idealismus entscheiden: 1. Weil „unser eigenes Sein uns leichter begreiflich ist als das materielle"; 2. Weil „die Thatsache der Entwicklung erst in den Eigentümlichkeiten des geistigen Seins zum vollen Ausdruck gelangt."

Den ersten Grund müssen wir ablehnen, wenn wir uns auf den Boden Vierkandt's stellen. Wird unser eigenes Sein geisteswissenschaftlich behandelt in dem Sinne, dass die metaphysischen Fragen, die mit den Thatsachen des Innenlebens zugleich gesetzt sind, abgeschnitten werden, so stehen wir unserem eigenen Sein als einem Komplex seelischer Phänomene genau so unbekannt und fremd gegenüber wie dem materiellen d. h. natürlich, wenn unser eigenes Sein uns die Erkenntnis des Weltgrundes vermitteln soll[1]). Und darum handelt es sich doch, wenn man von den Thatsachen des geistigen Seins aus zu einer idealistischen Weltanschauung gelangen will. Es liegt aber in den geisteswissenschaftlichen Thatsachen gar kein zwingendes Moment der Umwandlung des naturwissenschaftlichen Weltbildes, Methoden und Begriffe wandern aus dem einen Gebiet in das andere und unterwerfen die Geistesthatsachen einer positivistischen Behandlungsweise. Wir sagen mit Absicht „positivistisch", denn der Positivismus hat das Erkenntnisideal der Naturwissenschaften auch auf die geistigen Thatsachen übertragen[2]).

Übersteigt daher in Wirklichkeit der metaphysische Erkenntniswert der geisteswissenschaftlichen Thatsachen in keiner Weise den der Naturwissenschaften, so fällt die Begründung des Idealismus auf die Geisteswissenschaften in sich zusammen.

Aber vielleicht leistet die „sachliche Erwägung, dass die Thatsache der Entwicklung erst in den Eigentümlichkeiten des geistigen Seins zum vollen Ausdruck gelangt" mehr für die Begründung einer idealistischen Weltanschauung?

Vierkandt legt grosses Gewicht auf die Bedeutung des Entwickelungsbegriffes für den Idealismus.

„Das Reich der Natur ist vor allem dazu angethan in uns das Verständnis für die Gesetzmässigkeit alles Geschehens zu erwecken, das Reich des geistigen Lebens vor allem dazu angethan uns die Thatsache

---

[1]) Erkenntnistheoretisch ist es selbstverständlich, dass vor allem unser eigenes Sein uns gegeben und begreiflich ist, ebenso wie auch das materielle Sein uns streng genommen nur als Bewusstseinsinhalt gegeben ist. Aber metaphysisch ist damit noch garnichts gewonnen.

[2]) Vgl. die klassische Formulierung des positivistischen Erkenntnisideals in Mill's Essay: „August Comte und der Positivismus" S. 4.

der Entwicklung verständlich zu machen. Dieser Unterschied hängt zusammen mit einem andern, nämlich dem verschiedenen Verhältnis der einzelnen Elemente zu der Gesamtheit oder dem resultierenden Gesamtvorgange. In der Mechanik — die organischen Disziplinen der Naturwissenschaft bilden auch in dieser Richtung gleichsam eine Art Uebergang zu den Geisteswissenschaften — lässt sich der Gesamtvorgang bei der Betrachtung der Kräfte und Bewegungen stets durch eine blosse Addition der Wirkungen der einzelnen Elemente berechnen: Die Gesamtheit ist hier stets gleich der Summe der Elemente. Im geistigen Leben ist sie stets grösser. Schon ein einziger gesprochener Satz enthält vielmehr an logischem und psychologischem Inhalt als sich durch eine blosse Addition der entsprechenden Inhalte der einzelnen Wörter ergeben würde. Ebenso ist alles soziale Leben der Menschheit von der Thatsache beherrscht, dass durch das blosse Zusammenwirken der Einzelwesen neue Eigenschaften und Leistungen hervorgerufen werden, die durch keine Addition der Leistungen der isolierten Individuen erhalten werden können. Aller Entwicklung liegt dieselbe Thatsache zu Grunde. Auf einer früheren Stufe sind die Eigenschaften der späteren zwar schon vorgebildet, aber die höhere Stufe enthält zwar nicht qualitativ, aber doch intensiv Neues in sich, das auf der früheren noch nicht vorhanden war" (S. 66).

Wir können nun diesem eben geschilderten Entwicklungsbegriff gar keinen metaphysischen Erkenntniswert beimessen. Wenn Vierkandt sagt, dass der Entwicklungsgedanke erst seit der Mitte unseres Jahrhunderts aus den Geisteswissenschaften in die Naturwissenschaften übertragen worden ist, so ist hinzuzufügen, dass die Naturwissenschaften den Entwicklungsbegriff stark modifiziert haben, und dass er in dieser veränderten Form heute auf die Geisteswissenschaften zurückwirkt. Diese durchgreifende Veränderung besteht in der Immanentmachung des Entwicklungsbegriffes, in dem Fallenlassen des festen, transzendenten Hintergrundes. Der Entwicklungsbegriff hat aber nur dann einen metaphysischen Erkenntniswert, wenn sich in der Entwicklung ein ihr zu Grunde liegendes Subjekt oder eine Substanz erschliesst[1]). „Damit ist zugleich gegeben, dass uns erst das Ende der Entwicklung offenbart, was der Anfang enthielt; in ihm war erst als Anlage enthalten, was durch die successiven Thätigkeiten schliesslich geworden ist; und eben damit ist der ganze Prozess unter den teleologischen Gesichtspunkt gestellt, der vom Enderfolg aus die vorangehenden Stadien als Bedingungen oder Mittel begreift, durch die das $\tau\acute{\epsilon}\lambda o\varsigma$ verwirklicht wird, zugleich aber in den Begriff des Subjekts den vollen Grund dessen legen muss, was es wird"[2]).

Das sind die formalen Bedingungen, unter denen der Entwicklungsbegriff überhaupt einen metaphysischen Erkenntniswert hat.

Bei Vierkandt besteht der ganze Gewinn der Entwicklung in einem sozialpsychologischen Plus, das keinen Rückschluss gestattet auf eine ihm zu Grunde liegende Wirklichkeit, denn es kommt bei der Entwicklung nach den eigenen Worten Vierkandt's ja nichts qualitativ Neues heraus. Die Entwicklung ist hier nicht an eine Substanz gebunden, die sich entwickelt. Es fehlt diesem freischwebenden, immanenten

---

[1]) Im Hegel'schen System hat dieser metaphysische Erkenntniswert der Entwicklung seinen grossartigsten Ausdruck erlangt.
[2] Sigwart: Logik Bd. II, S. 651 (2. Aufl.).

Entwicklungsbegriffe jedes teleologische Moment. Das Intensiv Neue, das als sozialpsychologischer Niederschlag herauskommt, kann ebensogut vom Standpunkt eines idealen Fortschritts angesehen antiideal als ideal sein. Wohl ist im geistigen Leben die Summe stets grösser als die Gesamtheit der Elemente, aber bedeutet dieses „grösser" schon „besser" oder „höher" im Sinne einer idealistischen Entwicklungstheorie? Der Entwicklungsbegriff Vierkandt's ist bedenklich naturalistisch gefärbt und das Betonen des Intensiv-Neuen im geistigen Leben hebt nicht die Thatsache auf, dass jedes sozialpsychologische Produkt nur eine quantitative Komplikation naturgegebener Grössen darstellt. Das Wertmoment ist in den Entwicklungsbegriff hineingetragen vom Gefühl, das noch aus den Quellen unserer klassischen Philosophie schöpft.

So müssen wir schon aus erkenntnistheoretischen Gründen den Versuch abweisen von den „Geisteswissenschaften" zu einem Idealismus zu gelangen. Damit aber erkennen wir dem Gedanken, dass nur von den Thatsachen des geistigen Lebens aus ein Idealismus möglich sei, vollkommene Berechtigung zu, nur muss dann dieses geistige Leben anders gefasst werden als es die Geisteswissenschaften thun. Es fragt sich nämlich, ob die Geisteswissenschaften nicht dem Wunsche nach Einheitlichkeit der Methode das konkrete Sein der Geistesthatsachen opfern, ob die einfache Übertragung der naturwissenschaftlichen Begriffe und Methoden auf das Reich der geistigen Thatsachen statthaft ist.

An den beiden Begriffen der Entwicklung und der Stetigkeit können wir zeigen, dass die Thatsachen des Geisteslebens in keiner Weise den methodischen

Forderungen der „Geisteswissenschaften" entsprechen, sondern ihnen gradezu entgegengesetzt sind. Der Begriff der Entwicklung mag eine methodische Bedeutung für die Geisteswissenschaften haben, aber wenn wir uns an den Thatsachen des Geisteslebens selbst orientieren, so ist hier der Entwicklungsgedanke nicht glatt durchzuführen. Eucken sagt mit Recht: „Zeigen sich in der Lebensbewegung grosse Gegensätze, die im Laufe der Geschichte eher zunehmen als abnehmen, so versagt jener Begriff"[1]). Und bei Vierkandt versagt er auch. Der Begriff der natürlichen Entwicklung, der am Anfang des Buches mit solcher Emphase eingeführt wird, bricht unterwegs zusammen vor der Wucht der gegenteiligen Thatsachen. Der Titel des letzten Kapitels: „Die Gebrochenheit der Vollkultur" ist die beste Kritik der Möglichkeit der Übertragung des natürlichen Entwicklungsbegriffes von der Notwendigkeit der Natur auf das Reich des Geistes.

Mit dem Begriff der Stetigkeit geht es nicht anders. Mit diesem Begriff können zwei ganz entgegengesetzte Weltanschauungen gestützt werden. Geht man vom Geist aus, wie es z. B. Hegel that, so kommt man zu einem monistischen Idealismus, der die Natur vergeistigt. Geht man hingegen von der Natur aus, wie es heute geschieht, so naturalisiert man das Geistesleben. Beides ist gleich einseitig. Die Position Hegel's gegenüber der Natur hat man aufgeben müssen. Ein Reich mechanischer Notwendigkeit liess sich nicht einfach wegspiritualisieren.

---

[1]) Eucken: Grundbegriffe der Gegenwart S. 116. Vgl. auch Siebeck, Lehrbuch der Religionsphilosophie S. 415. „Der Fortschritt ist nicht als eine naturnotwendige Thatsache, sondern als eine ethische Aufgabe zu betrachten."

Aber lässt sich denn das Geistesleben dem Naturprozess einfügen? Im Begriff der Stetigkeit liegt die These, dass auch alles geistige Leben nur eine quantitative Komplikation naturgegebener Faktoren ist. Es ist das wiederum eine methodische Forderung, die ihren letzten Grund in den Naturwissenschaften hat. Die „geisteswissenschaftlichen" Thatsachen setzen in der That dem Begriff der Stetigkeit keine Schwierigkeiten entgegen.

Nun hat Vierkandt die seelischen Kräfte und Grössen, die auf der Naturstufe thätig sind, sehr scharf beleuchtet und ihre Eigentümlichkeiten an einer Fülle von Beispielen anschaulich gemacht[1]). Das geistige Leben der Naturvölker ist noch vollkommen im Bann einer von Trieben beherrschten Lebensführung. Die Bewusstseinsvorgänge sind unwillkürlicher Art. Wenn wir damit die Grössen vergleichen, die bei den Kulturvölkern Macht gewonnen haben, so ist es ganz unbegreiflich, wie ohne Neueinsetzen einer qualitativ andern Art von Kräften derartige Grössen wie absolute Werte aus dem Seelenleben der Naturvölker entstehen konnten. Vierkandt erkennt absolute Werte an. Damit ist aber Stetigkeit unvereinbar. Entweder absolute Werte sind ein qualitatives Novum innerhalb des von Lust und Unlust bewegten Seelenlebens oder es sind keine absoluten Werte. Nun nimmt Vierkandt zwar auch einen Dualismus innerhalb des Seelenlebens bei den Kulturvölkern an, aber dieser Dualismus ist rein formaler Natur und entspricht in

---

[1]) Vgl. dazu auch den Aufsatz Vierkandt's: „Die Entstehung neuer Sitten" in der Festschrift der Herzogl. Technischen Hochschule Carolo-Wilhelmina zur LXIX. Versammlung deutscher Naturforscher und Ärzte.

keiner Weise dem inhaltlichen Lebensdualismus, der zwischen Kultur und Natur waltet.

Zeigte sich hier schon, dass das Geistesleben die naturwissenschaftlichen Begriffe nicht verträgt, so wollen wir jetzt den Gegensatz zwischen Geisteswissenschaften und Geistesleben auch nach der positiven Seite hin vertiefen, indem wir die Frage aufnehmen: Gestatten die Thatsachen des geistigen Lebens eine den Methoden der Naturwissenschaften entsprechende Behandlungsweise? Bei den Thatsachen der Naturwissenschaft können wir uns mit der Einordnung in ein Gewebe von abstrakten Formeln genügen lassen. Den letzten Elementen der Naturwissenschaft stehen wir unbekannt gegenüber, aber die Positivität der naturwissenschaftlichen Thatsachen wird dadurch in keiner Weise aufgehoben, dass ihre metaphysische Wurzel im Dunkeln bleibt. Zwar ruht auch die ganze Arbeit der Naturwissenschaft auf einer metaphysischen Zurechtlegung der Wirklichkeit, aber die Wahrheit ihrer Aussagen wird nicht angetastet, wenn Atome, Moleküle, Attraktion, Repulsion etc. als blosse Rechenmarken angesehen werden; denn die Naturwissenschaft hat einen Vorgang erklärt, wenn sie dieselben gleichbleibenden Thatsachen in der Mannigfaltigkeit wieder erkennt und sie einer Formel einfügen kann[1]).

Diese Tendenz der Naturwissenschaften abzusehen von dem metaphysischen Wesen ihrer Elemente — eine Tendenz, die auf ihrem Gebiet ganz berechtigt ist, weil man es dort nur mit quantitativen Grössen zu thun hat, — hat sich auch den Geisteswissenschaften mitgeteilt, und in diesem Sinne haben wir ein Recht

---

[1]) Vgl. dazu E. Mach, „Die ökonomische Natur der physikalischen Forschung" S. 211 u. w.

von einer naturwissenschaftlichen Behandlungsweise des geistigen Lebens zu sprechen.

Nun behaupten wir, dass diese naturwissenschaftliche Behandlungsweise den Geistesthatsachen nicht gerecht werden kann. Es ist das Eigentümliche aller Geistesthatsachen, wodurch sie sich prinzipiell von allen Naturthatsachen unterscheiden, dass sie immanente Forderungen in sich tragen. Sie weisen über sich selbst hinaus. Nehmen wir z. B. die Religion. Einmal ist sie eine psychische Thatsache. Damit ist sie aber noch nicht erschöpft. Sie weist über ihre Seinsweise als psychisches Phänomen hinaus; sie will über Sinn und Vernunft der Welt aussagen. Begnügt man sich nun zu konstatieren, dass beim Menschen eigenartig bestimmte, immer wiederkehrende psychische Prozesse auftreten, die man mit dem Namen „Religion" belegt, so ist das zwar eine Wahrheit, aber dieselbe wird dem Charakter der Religion als einer geistigen Thatsache nicht gerecht.

Oder, um ein Beispiel aus der Logik anzuführen: es wird heute im allgemeinen anerkannt, dass die Darstellung der psychischen Prozesse, aus denen sich das Urteil zusammen setzt, in keiner Weise das Wesen des Urteils trifft. Dieses vielmehr liegt in der Forderung überindividuelle, objektive Gültigkeit zu besitzen [1]. Dieser Anspruch ist aber psychologisch nicht zu begründen.

Wir können daher zwei Seiten an den geistigen Thatsachen unterscheiden. Einmal sind sie psychische Phänomene und rein als solche betrachtet, konzentriert sich alles Interesse wie bei den Naturthatsachen auf

---

[1] Vgl. Sigwart, Logik B. I, § 14.

die Thatsächlichkeit. Hier kann ihre Daseinsweise im psychischen Gesamtprozesse aufgezeigt werden, ihre Abhängigkeit von äusseren Naturfaktoren, ihre Verstärkung oder Schwächung durch die sozialpsychologischen Zusammenhänge und — last not least — ihre geschichtliche Entwicklung in den Perioden der Menschheitsgeschichte. Dabei bewegen sich diese sog. Geisteswissenschaften, was Stellung zur Metaphysik anbelangt, auf einer Ebene mit den Naturwissenschaften. Als die Zentralwissenschaft dieser Gruppe von Wissenschaften gilt die Psychologie, und in dieser herrscht das stärkste Bestreben alles Metaphysische aus dem Umkreis ihrer Untersuchungen zu verbannen; der Begriff Psychologie ohne Psyche hat längst aufgehört paradox zu erscheinen; man sucht in der Psychologie keine Substanz, keine Seelenvermögen mehr zu entdecken, man operiert nur noch mit psychischen Prozessen.

Wir würden für die Gesamtheit dieser Wissenschaften den Namen „psychologisch-historische Wissenschaften" vorschlagen.

Die Untersuchungssphäre dieser psychologisch-historischen Wissenschaften hört aber da auf, wo die Thatsachen des geistigen Lebens nicht mehr als blos psychische Phänomene betrachtet werden, sondern nach der Seite ihrer Forderungen, wo aus dem Fluss des seelischen Geschehens Thatsachenkomplexe von überindividueller Gültigkeit sich herausheben, und die Frage nach dem Recht und der Wahrheit dieser überindividuellen Gültigkeit auftritt. Hier versagt die Psychologie, die in den psychologisch-historischen Wissenschaften als Schlüssel des Verständnisses diente.

Nehmen wir als verdeutlichendes Beispiel die Ethik. Die Ethik bleibt so lange Gegenstand der psychologisch-historischen Wissenschaften als sie das ethische Bewusstsein psychologisch zergliedert, empirische Daten sammelt, die geschichtliche Entwicklung der ethischen Normen darlegt usw. Aber die grösste Stoffanhäufung der Ethik als psychologisch-historischer Wissenschaft vermag nie die eigentlich ethischen Probleme lösen wie das Problem der Verpflichtungskraft der ethischen Normen, oder das Problem des höchsten Gutes, oder das Kriterium der ethischen Handlung etc.

Diese Probleme, welche aus der sachlichen, überindividuellen Natur des Ethischen stammen, sind einer qualitativ andern Art von Wissenschaften zuzuweisen, für die wir den Namen Geisteswissenschaften oder „noologische"[1] Wissenschaften vorbehalten würden. Wie die Ethik, so sind alle Thatsachenkomplexe des geistigen Lebens wie Religion, Recht, Logik, Ästhetik sowohl Gegenstand der psychologisch-historischen als auch der noologischen Wissenschaften. Aber vom Standpunkt der geistigen Thatsachen selbst sind die noologischen Wissenschaften von weit grösserer Bedeutung als die psychologisch-historischen, denn erst in den noologischen Wissenschaften erreichen die Geistesthatsachen sozusagen ihr eigenes Wesen, hier sprechen sie ihre Forderungen aus, und auf dem Boden der noologischen Wissenschaften kann sich erst die nur dem Geistesleben eigentümliche Frage nach dem Recht und der Wahrheit seiner Thatsachen erheben. Gegenüber einer empiristischen Sammelwut, die in der massenhaften Anhäufung von Thatsachen alle Rätsel des geistigen Lebens gelöst glaubt, muss es

---

[1] Der Ausdruck „noologisch" ist aus den Werken Eucken's genommen. Dieser hat ihn gebildet, um damit einen Gegensatz zum Psychologischen zu bezeichnen.

betont werden, dass diese Thatsachen als solche tot und stumm sind und erst Leben und Sprache gewinnen von den Problemstellungen der noologischen Wissenschaften aus. Die psychologisch-historischen Wissenschaften verfahren deskriptiv und analytisch; sie decken Kausalzusammenhänge auf. Die empirischen Gestaltungen, in denen das gesellschaftlich-geschichtliche Leben sich darstellt, ist ihr Gegenstand. Sie haben in diesem Jahrhundert, bes. in der zweiten Hälfte, eine unermessliche Ausdehnung erfahren. Unser geschichtliches Wissen hat uns die Jahrtausende erschlossen; wir kennen die Geschichte der alten Völker besser als diese selbst; das Entstehen und Werden der grossen Weltreligionen ist uns bekannt geworden; wir kennen den Wandel der Anschauungen, den Wechsel der Ideale; alles, was uns fest dünkte, hat sich als im Strome der Entwicklung befindlich gezeigt, alles, was absolut schien, ist relativ geworden. Und wir haben die Abhängigkeiten und Bedingtheiten der Erscheinungen unter einander zu würdigen gelernt.

Aber — dieses geistige Leben, das in tausenderlei Gestaltungen ausgebreitet vor uns liegt, was ist es selber? Was bedeutet dieser bunte Maskenzug von Thatsachen? Hat die psychologisch-historische Arbeit des Jahrhunderts uns das Wesen des Geistes tiefer erschlossen? Sind wir an geistiger Erkenntnis durch die empirische Forschung reicher geworden?

Von den psychologisch-historischen Wissenschaften aus erscheint das geistige Leben als ein sich ewig wandelnder Prozess ohne Sinn und Zweck, objektive Grössen giebt es hier nicht; aus dem zufälligen Zusammenspiel gesellschaftlicher Elemente erwachsen die geistigen Inhalte, Produkte des gesellschaftlichen Lebens.

Das Geistesleben erlangt hier keine Selbständigkeit, es erscheint als eine blosse Fortsetzung des Naturprozesses. Bleibt man also bei den psychologisch-historischen Wissenschaften stehen, so liefert das geistige Leben keinen eigenen Ansatzpunkt für eine Metaphysik, denn es wurzelt hier nicht in einer Notwendigkeit der Dinge, es ist nur eine Oszillation des Naturprozesses, eine quantitative Komplikation naturgegebener Grössen. Eine eigene Realität und Selbständigkeit hat unter diesen Umständen nur ein sich selbst genügender Naturprozess, der deshalb auch zum einzig möglichen Stützpunkt einer naturalistischen Metaphysik gemacht wird. Wie jede Weltanschauung, so übt auch der Naturalismus eine bestimmte Wertverteilung auf das Ganze der Wissenschaften aus. Metaphysischen Erkenntniswert haben für den Naturalismus nur die Naturwissenschaften. Die Fortschritte derselben bedeuten eine immer umfassendere Bestätigung des von ihm angenommenen mechanischen Grundbaues der Wirklichkeit. Die psychologisch-historischen Wissenschaften sind ohne jeden Einfluss auf die Gestaltung der Weltanschauung.

So hat sich hier auf einem mehr prinzipiellen Wege dasselbe ergeben, was wir schon bei der Kritik Vierkandt's gezeigt haben: dass nämlich die Thatsachen des geistigen Lebens, wenn geisteswissenschaftlich d. h. nach unserer Terminologie psychologisch-historisch behandelt, keinen Idealismus begründen können, dass sie nicht einmal einen eigenen Ansatzpunkt zu einer Metaphysik geben und daher bei der gegenwärtigen philosophischen Lage nur zu einer Bekräftigung des Naturalismus führen — was wir ja schliesslich auch bei Vierkandt sehen.

Nun können wir aber bei den psychologisch-historischen Wissenschaften nicht stehen bleiben. Die geistigen Thatsachen, wie wir oben gesehen haben, verlangen für die wichtigste Seite ihrer Existenz eine neue Art von Wissenschaften, die wir als noologische bezeichnet haben.

Können nun die noologischen Wissenschaften ohne Metaphysik auskommen? Wir sahen, dass die psychologisch-historischen gleich den Naturwissenschaften bei ihren Untersuchungen die Metaphysik ganz zurückschieben konnten. Die noologischen Wissenschaften können das nicht. Mit den Thatsachen der noologischen Wissenschaften sind zugleich Probleme verknüpft, welche die noologischen Wissenschaften aus ihren eigenen Zusammenhängen nicht lösen können. Jede einzelne dieser Wissenschaften kommt bei ihren Untersuchungen auf Punkte, die von ihrem begrenzten Wissensgebiete nicht erledigt werden können, und die doch erledigt werden müssen, wenn nicht das Ganze in Frage gezogen werden soll. Nehmen wir als Beispiel die Logik. Ob wir bei Befolgung der logischen Normen mit unserem Denken die Wirklichkeit treffen, ob unser Denken nur auf dem beschränkten Kreis der subjektiven Sinnesempfindungen eingestellt ist, oder ob es ein objektives Weltmoment von Hause aus in sich enthält wie es Spinoza und Hegel behaupten, das sind Fragen die zur Beantwortung drängen, wenn nicht die ganze Logik in Luft schweben soll. Die Logik, die hier eine Metaphysik als Fundament ihres Baues abweist, verfällt der Psychologie, die sie zur Behandlung dieser Probleme als unzulänglich erklärt hat. Die hervorragende Logik von Sigwart giebt davon Zeugnis. —

Es kommt aber noch ferner hier in Betracht die ausschlaggebende Bedeutung der Rechts- und Wahrheitsfrage für die geistigen Thatsachen[1]). An die Beantwortung dieser Frage hängt die Existenz der noologischen Wissenschaften. Wird z. B. bei der Religion die Wahrheitsfrage nicht aufgenommen, oder wenn aufgenommen, negativ beantwortet, so sinkt die Religion von einer Geistesthatsache zu einem psychischen Phänomen herab, das keinen grösseren Geltungswert hat als die Wahnvorstellung eines Irren. Man kann mit Umdrehung eines Hegel'schen Wortes gradezu sagen, dass bei Wegfall der Wahrheitsfrage auf geistigem Gebiet die Qualität in die Quantität umschlägt. Diese Wahrheitsfrage kann aber nur von einer Metaphysik beantwortet werden. Wir müssen daher für die noologischen Wissenschaften die naturwissenschaftliche Behandlungsweise als ungeeignet zurückweisen. Die geistigen Thatsachen sind aufs engste verknüpft mit den Problemen der Metaphysik. Und diese Probleme müssen hier aufgenommen werden, denn sie sind nicht etwas von aussen herangebrachtes, sondern sie erwachsen aus dem eigenen Charakter der Geistesthatsachen[2]). Die Metaphysik — um einen

---

[1]) Vgl. dazu auch die Bedeutung des Rechtsgrundes beim Denken gegenüber dem Vorstellungsverlauf Lotze, Logik S. 6—8.

[2]) Naturwissenschaften und psychologisch-historische Wissenschaften brauchen nicht notwendigerweise zu scharf ausgeprägten, metaphysischen Thesen zu führen. Der Naturalismus kann sich als „Agnostizismus" als „passiver Unglaube" wie ihn Kidd treffend nennt, eine gewisse intellektuelle Reserve auferlegen gegenüber den letzten Fragen des Seins. Er kann wenigstens für das Gefühl manches in der Schwebe lassen. Man denke an das berühmte Spencer'sche „Unknowable", diesen Schlupfwinkel gestrandeter Herzenswünsche. Für den Naturalismus ist das möglich, weil er keine realen, unaufhebbaren Gegensätze des Lebens kennt, und wo die Gegensätze des Lebens fehlen, da fehlt auch der innere Zwang zur Metaphysik.

mathematischen Ausdruck zu gebrauchen — ist die Funktion der Geistesthatsachen.

Was die Notwendigkeit einer Metaphysik noch erhöht ist der Umstand, dass die noologischen Thatsachen hart mit der gegebenen Wirklichkeit zusammenstossen. Während die psychologisch-historischen Wissenschaften kein zwingendes Moment der Umwandlung des ersten Weltbildes enthielten, können sich die noologischen Wissenschaften nur halten bei einer radikalen Umgestaltung des vorliegenden Daseins. So hängt z. B. die Wahrheit der Religion davon ab, dass das Wesen des Menschen über die psychomechanische Naturkausalität hinausreicht in eine Sphäre der Freiheit.

Gegenüber einer derartigen Behauptung ist aber mit einer einfachen Verschiebung empirischer Daten nichts gethan. Da hilft nur eine durchgreifende Umwandlung und Vertiefung der Wirklichkeit. Eine einzelne Thatsache, und sei sie auch noch so bedeutend, hat aber nicht das genügende erkenntnistheoretische Gewicht, um das zu thun. Dazu kommt noch, dass die Wahrheit und Bedeutung der einzelnen Thatsache auf geistigem Gebiet von der Wahrheit des Ganzen abhängt. Im Geistesleben ist das Ganze vor den Teilen. Wie verschieden fällt z. B. das Wesen des Ethischen aus, wenn ein Spinoza und ein Kant mit ihrer total verschiedenen Gesamtanschauung es bestimmen. Die Frage nach der Wahrheit der Gesamtheit der noologischen Thatsachen hat aber einen ganz bestimmten Sinn, wenn wir sie der Gesamtheit der psychologisch-historischen Thatsachen gegenüberstellen. Das geistige Leben vom Standpunkt der psychologisch-historischen Wissenschaften aus hat keine Selbständigkeit gegenüber dem Naturprozess. Diese erlangt es aber in den noologischen Wissenschaften. Schon als wir die naturalistisch gefärbten Begriffe der Entwicklung und der Stetigkeit, welche die Wirklichkeit auf einen einheitlichen, die Gegensätze verwischenden Zusammenhang bringen wollen, als für das Geistesleben selbst nicht anwendbar zurückgewiesen haben, haben wir damit in dem Geistesleben wenigstens nach der negativen Seite ein qualitatives Novum anerkennen müssen. — Nach der positiven Seite erlangte das geistige Leben eine Selbständigkeit und eine konkrete Bestimmtheit durch die noologischen Wissenschaften. Das geistige Leben zeigt sich hier beherrscht von sachlichen Momenten; in der Ethik, der Religion, der Logik treten überindividuelle Inhalte auf, die aus sich heraus Forderungen stellen. Damit haben wir eine qualitative Scheidung im Innenleben zu konstatieren: eine rein subjektive, zuständliche Seite, die für sich betrachtet eine blosse Begleiterscheinung des Naturprozesses ist[1], muss geschieden werden von einer objektiven, schöpferischen Seite, bei der der Fluss des Geschehens zum Stehen kommt und objektive Grössen erscheinen.

Wir fassen diese noologische Seite des Innenlebens mit dem Begriff „Geist" zusammen. Bei „Geistesleben" würden wir dann an die Gesamtheit der Äusserungen des „Geistes" zu denken haben.

Doch bevor wir nähere Bestimmungen des Begriffes geben, wollen wir uns an der Geschichte desselben orientieren. Das wird uns von selbst dann weiterführen. —

Ohne auf die früheren Ansätze zu einer qualitativen Scheidung des Innenlebens einzugehen — das

---

[1] Für diese zuständliche Seite des Innenlebens hat der psychophysische Parallelismus eine Berechtigung.

würde zu weit führen — finden wir in der neueren Philosophie bei Kant im grossen Stil eine überindividuelle geistige Organisation kräftig herausgehoben aus dem individuellen Seelenleben [1]). Dieser Begriff des Geistes — bei Kant heisst es dafür „Vernunft" — erhält auf ethischem Gebiet eine neue Inhaltlichkeit. Grössen wie Pflicht, Gerechtigkeit, das Gute etc. wachsen zu einer eigenen, einer geistigen Wirklichkeit aus, die ihren Ursprung weder in dem psychischen Mechanismus noch in der umgebenden Welt haben, sondern die eine neue Ordnung der Dinge ankündigen und den Menschen mit dieser verbinden. Damit tritt ein neues Moment in den Begriff des „Geistes" ein, das Moment des Metaphysischen.

„Die praktische Vernunft ist die Wurzel aller Vernunft", sagte Fichte. Damit wird der Geist zu einem objektiven Lebensprozess erweitert, der als Ausdruck einer objektiven Weltvernunft gefasst wird.

In dem, worin diese objektive Weltvernunft gesehen wird, unterscheiden sich Fichte, Schelling und Hegel.

Fichte fand sie in der ethischen That, Schelling im Kunstwerk und im künstlerischen Schaffen, Hegel im Denkprozesse. Damit ist aber eine Einengung des Geisteslebens gegeben, welche die Einzelgebiete nicht voll zur Geltung kommen lässt, welche von einer bestimmten Provinz des Geisteslebens aus eine Tyrannei auf die Manigfaltigkeit und die qualitative Eigentümlichkeit der geistigen Erscheinungen ausübt.

Das hängt zusammen mit einem Fehler der klassischen Philosophie, der aus einer Überschätzung

---

[1]) Vgl. Eucken, Lebensanschauungen der grossen Denker. S. 433—435.

des menschlichen Könnens floss. Wir meinen jenen Konstruktionstrieb, der von einem absoluten Prinzip aus gleich alle Einzelgestaltungen des geistigen Lebens als notwendig, a priori deduzieren wollte. Ein grosser Gedanke lag dem zu Grunde. Alle empirischen Fakta erhielten dadurch eine zentrale Beziehung zur Vernunft und wurden über ihre blosse Thatsächlichkeit hinausgehoben. Diese Verbindung war aber eine allzu enge. Die Einzelforschung hat sich von diesem Zwang befreit und sich ganz losgerissen von einem zusammenhaltenden metaphysischen Prinzip. Dadurch ist man heute in den entgegengesetzten Fehler verfallen. Man will aus einer blossen Anhäufung empirischer Fakta schon Wahrheit und Vernunft im Geistesleben entdecken.

Um beide Fehler zu vermeiden muss man die Scheidung, die durch die empirische Forschung eingetreten ist, anerkennen. Sammlung von Thatsachen und metaphysische Bedeutung dieser Thatsachen sind zwei verschiedene Aufgaben, die getrennt zu behandeln sind. --

Aber trotz aller Einseitigkeiten und Fehler der klassischen Philosophie könen wir bei der Frage nach der metaphysischen Bedeutung der geistigen Thatsachen und das heisst in diesem Falle dasselbe wie die Wahrheit des Geisteslebens — die Voraussetzung einer objektiven Weltvernunft im letzten Grunde des Seins nicht aufgeben, wenn wir sie auch wieder erobern müssen im Kampfe mit Psychologie und Naturwissenschaft. —

Gegeben sind zwei qualitativ verschiedene Reihen von Thatsachen, eine psychomechanische Reihe und eine noologische Reihe. Die psychomechanische Reihe bleibt bei der Thatsächlichkeit stehen, die noologische

Reihe kann das nicht; sie kann nur bestehen, wenn die immanenten Forderungen, die den noologischen Thatsachen eigen sind, als Wahrheit sich erweisen lassen. Die Wahrheit der einzelnen noologischen Thatsache ruht auf der Wahrheit der Gesamtheit. Die Forderung des Geisteslebens als Ganzes muss wahr sein, wenn die einzelne noologische Thatsache wahr sein soll. Die Forderung des Geistesleben als Ganzes ist die Forderung der Vernunft des Daseins, oder besser: für uns giebt es nur eine Vernunft des Daseins im Geistesleben. Dass wir diese Vernunft behaupten wollen, dafür giebt es keinen logischen Grund mehr, das ist eine noologische Wesensnotwendigkeit, die ursprünglichste und letzte, die uns zugänglich ist. Diese noologische Wesensnotwendigkeit ist der Keimpunkt aller Metaphysik.

Übrigens konnten wir bei der Kritik Vierkandt's eine solche Notwendigkeit auch aufzeigen. Der Gegensatz zwischen unwillkürlichen und willkürlichen Bewusstseinsvorgängen führte erst dann zu einem psychologischen Kulturproblem, wenn die unwillkürlichen Bewusstseinsvorgänge sich auch behaupten sollen. Aber giebt es für dies sollen einen zureichenden logischen Grund? — Ebenso widerlegt die „Kritik der reinen Vernunft" nur dann Hume, wenn Wissenschaft sein soll.

Wenn wir im Geistesleben die Vernunft des Lebens behaupten müssen, so treibt uns diese noologische Notwendigkeit über das gegebene Dasein hinaus. Empirisch betrachtet sehen wir nur ein an die Einzelindividuen zerstreutes Geistesleben vor uns, das allen Zufälligkeiten ausgesetzt ist. Beim Empirischen können wir nicht stehen bleiben. Wir wären einer in sich zerspaltenen und zerklüfteten Vernunft ausgeliefert.

Die Realität des Geistes stände im umgekehrten Verhältnis zu seinem Wert. Wir können auch nicht mehr wie die klassische Philosophie die Substanz ganz aufgehen lassen in den Prozess. Dass alles Wirkliche vernünftig und alles Vernünftige wirklich ist, können wir nach den Erfahrungen dieses Jahrhunderts nicht mehr behaupten. Und dann führt das Aufgehenlassen der Substanz in den Prozess doch schliesslich zu einer Auflösung der Vernunft; denn dann ist die Dialektik ein Gesetz des Geistes und in den Geist selbst wäre die Unvernunft hineingetragen. Wir hätten Wesensantinomien, während die Dialektik, wenn sie nicht die Vernunft aufheben soll, nur der Existenzform des Geistes, unserer menschlichen Lage, angehören darf.

Das Geistesleben ist nur dann die Vernunft des Lebens, wenn der zersplitterten Existenzform eine Substanz zu Grunde liegt. Nur wenn das Geistesleben eine kosmisch-zentrale Stellung einnimmt, ist es mehr als eine vorübergehende, sinnlose Störung des Naturprozesses und stellt ein eigenes Reich der Wirklichkeit dar, eine neue Stufe des Seins. Erst von hier aus bekommen die Forderungen der einzelnen noologischen Thatsachen wie Religion, Ethik etc. einen Sinn und lassen sich bewahrheiten. Das Geistesleben ist entweder Kern und Ziel der Welt, oder es ist überhaupt nicht[1]. —

---

[1] Wir sind hier in knapper Weise von einer These zur andern geeilt, weil nur der Weg von den Geisteswissenschaften zu einer Metaphysik selber in dem Rahmen unserer Arbeit liegt, und weil ausserdem das, was wir hier als Grundstock einer idealistischen Metaphysik angedeutet haben, von Eucken ausführlich dargelegt ist im Ganzen einer systematischen Anschauung. Dort findet man auch eine eingehende Begründung der von uns angegebenen These der kosmisch-zentralen Stellung des Geisteslebens. Die Hauptschriften, die wir hier im Auge haben,

Das Kulturproblem der Gegenwart.

Diese Untersuchung sollte uns zweierlei liefern. Einmal sollte sie uns zeigen, dass die Kultur als solche abgesehen von jeder näheren inhaltlichen Bestimmtheit notwendig verknüpft ist mit der These von der kosmisch-zentralen Stellung des Geisteslebens, dann sollte sie zugleich -- und das war nur die andere Seite der Aufgabe — den Weg weisen, der zu einer Rechtfertigung und Bewahrheitung dieser These führt. Beides haben wir erreicht, indem wir eine idealistische Metaphysik in grossen Zügen andeuteten, von der aus erst die These der Kultur ihre Wahrheit erlangen kann.

Wir können also jetzt im universalen Sinne sagen, dass die Kultur als solche ein metaphysisches Problem ist. Wir wollen dies die „reine Kulturlehre" nennen. Die reine Kulturlehre ist die übergeschichtliche, sich immer gleichbleibende Seite des metaphysischen Kulturproblems. Sie ist aber eine Abstraktion aus dem

sind: „Die Einheit des Geisteslebens in Bewusstsein und That der Menschheit", der „Kampf um einen geistigen Lebensinhalt" und die „Grundbegriffe der Gegenwart".

Im Gegensatz zu dem anthropozentrischen Idealismus eines Lotze und dem axiologischen Idealismus eines Wundt und Paulsen vertritt Eucken einen noozentrischen d. h. den einzig wissenschaftlich haltbaren Idealismus. In der Richtung Eucken's arbeiten unter anderen: G. Class in seinem letzten Werk: „Untersuchungen zur Phänomenologie und Ontologie des menschlichen Geistes", ausserdem auf religionsphilosophisch-theologischem Gebiet dessen Schüler E. Troeltsch (vgl. die Aufsätze im 5. und 6. Jahrgang der Zeitschrift für Theologie und Kirche) und der schottische Philosoph A. Seth in seinen beiden Werken: Hegelianism and Personality und Man's Place in the Cosmos.

immer mit geschichtlicher Färbung auftretenden metaphysischen Kulturproblem. Die reine Kulturlehre besagt, dass in der Kultur eine Thatsache vorliegt, welche eine scharf ausgeprägte These kosmisch-zentrale Stellung des Geisteslebens über Welt und Mensch enthält, eine These, die sich nicht einfügen lässt in jede beliebige Weltanschauung. Nähmen wir nun einmal an, dass die Gegenwart von einer Weltanschauung beherrscht würde, welche im Einklang stände mit der kosmisch-zentralen Stellung des Geisteslebens, so würde zwar die „reine Kulturlehre" zu Recht bestehen bleiben¹), aber ein bestimmtes metaphysisches Kulturproblem, ein Kulturproblem der Gegenwart würde nicht existieren. Ein solches ergiebt sich erst, wenn das Bewusstsein der Zeit von einer Weltanschauung eingenommen ist, die in einem Gegensatz zur „reinen Kulturlehre" steht. Dieser Gegensatz konzentriert sich hier auf die Auffassung des Geisteslebens.

Nun haben wir in dem letzten Teil unserer Arbeit zwei total verschiedene Auffassungen des Geisteslebens kennen gelernt. Die eine knüpft an die Leistungen der klassischen Philosophie an und sieht in dem Geistesleben eine kosmische Thatsache, die andere zieht auch das Geistesleben in den Bereich der naturwissenschaftlichen und psychologischen Denkweise und erkennt dem Geistesleben keine qualitative Position zu.

Da nun die Kulturstufe in dem Geistesleben ihr unterscheidendes und auszeichnendes Merkmal gegen die Naturstufe hat, so ergeben sich je nach einer der

---

¹) Wir würden dann aber auch schwerlich zu einer reinen Kulturlehre gekommen sein, weil der Gegensatz fehlte, aus dem heraus wir zum Bewusstsein der reinen Kulturlehre gelangt sind. Es muss hier wieder unterschieden werden zwischen dem Weg, auf dem der Mensch zu einer Sache kommt, und der Sache selbst.

beiden Auffassungen zwei grundverschiedene Urteile über die Kultur.

Nach der kosmischen Auffassung des Geisteslebens bedeutet die Kultur den Aufbau eines neuen Reiches der Wirklichkeit; der Mensch wird hinausgehoben aus dem zwecklosen Spiel blinder Naturtriebe in eine Sphäre normativen Lebens. Und dieses normative Leben, dieses Realisieren absoluter Werte innerhalb der Grenzen seiner Existenz verknüpft die Arbeit des Menschen mit Weltzusammenhängen und giebt seinem Leben und Wirken eine Vernunft und einen Sinn.

Bei der naturalistischen Auffassung des Geisteslebens als einer quantitativen Komplikation naturgegebener Grössen verschwindet jeder Wesensunterschied zwischen Natur und Kultur. Es fallen damit zugleich alle absoluten Werte. Das psychologische Subjekt wird zum Mass aller Dinge. Die Forderung der Kultur muss versinken vor der Erkenntnis, dass sie von Prämissen ausgeht, welche die Wissenschaft der Gegenwart nicht mehr aufrecht erhält.

Damit fällt die Kultur selbst als eine qualitativ neue Lebensstufe der Menschheit. Die sogenannte Kultur ist dann nur eine Verschlechterung der Natur, und alle Beschuldigungen, welche Rousseau gegen die Kultur schleuderte, sind völlig berechtigt. Kultur bedeutete dann im Sinne des psychologischen Kulturproblems eine allmähliche Ernüchterung, ein Aufwachen aus einem Rausche, der die Menschheit in der Illusion einer Anteilnahme an einer Weltvernunft gefangen hielt. Dann wäre in der That, wie Vierkandt es einmal anzudeuten scheint, der Irrtum — der Naturzustand — das Leben und das Wissen — der Kulturzustand — der Tod. Die ganze gesellschaftlich-geschichtliche Wirklichkeit ist im Grunde ein sinnloses Getriebe zur Erhaltung des sinnlichen Daseins, dessen naturstarke Triebe durch die tausenderlei Rücksichten und Hemmungen des gesellschaftlichen Lebens gebrochen und zerbröckelt würden. Der Pessimismus der Lust- und Unlustgefühle hätte leichtes Spiel dem Menschen diese ganze Zivilisation zu verleiden, denn die Zivilisation nennen wir eine Lebensstufe, welche gegenüber dem Naturstande nur das Plus eines wirtschaftlich-technischen Apparates hat. Alle Schöpfungen des geistigen Lebens sind nur zivilisatorische Surrogate, um wenigen Auserwählten des Glücks das Dasein erträglicher und angenehmer zu gestalten. —

Aus dem Zusammenstoss der eben geschilderten beiden Auffassungen des Geisteslebens entsteht nun das Kulturproblem der Gegenwart. Und zwar können wir drei Hauptrichtungen innerhalb dieses Kulturproblems unterscheiden.

Die erste Richtung wird in typischer Weise repräsentiert durch Vierkandt. Sie will die Konsequenzen der kosmisch-zentralen Stellung des Geisteslebens aufrechterhalten von den Prämissen der immanent naturalistischen Stellung des Geisteslebens. Im ersten Teil unserer Arbeit haben wir das im Einzelnen dargelegt. Dabei glaubt diese Richtung die Diskrepanz zwischen Voraussetzung und Folgerung überwinden zu können durch folgende Mittel: Praktischer Idealismus, Psychologisches Lokalisieren, Sozialpsyche, absolute Werte und Werturteile.

Der vollendetste Ausdruck der zweiten Richtung ist Friedrich Nietzsche. Er hebt mit der Prämisse der kosmisch-zentralen Stellung des Geisteslebens zugleich auch alle Konsequenzen auf und damit die

Kultur. Sein Werk lässt sich nur verstehen als das Bestreben auf der Basis der immanent naturalistischen Stellung des Geisteslebens eine neue Kultur zu schaffen.

Das Charakteristikum der dritten Richtung besteht in dem, was wir das Versozialisieren der geistigen Probleme nennen. Man hat die Prämissen der kosmischzentralen Stellung des Geisteslebens aufgegeben, will aber nicht wie die erste Richtung aus einem mehr religiös-metaphysischen Bedürfnisse die Konsequenzen beibehalten wissen, sondern aus Gründen des sozialen Gemeinschaftslebens. Dabei ergeben sich dann die sonderbarsten philosophischen Konstellationen. Als einen etwas ins Karrikaturhafte gediehenen Ausdruck dieser Richtung können wir das dickbändige Werk von Ludwig Stein: „Die soziale Frage im Lichte der Philosophie" betrachten.

Alle drei Richtungen sind das beste Zeugnis dafür, dass unser ganzer geistiger Lebensstand in Erschütterung geraten ist, und dass wir in einer Kulturkrise stehen, der man offen ins Auge sehen muss. Eine derartige geistige Krise hat das Gute, dass sie die Philosophie zur Selbstbesinnung aufrüttelt, und sie aus der Zerstreuung und Isoliertheit peripherer Einzelprobleme auf die Zentralfragen zurücklenkt. Das ist aber dringend notwendig, denn in keiner Wissenschaft ist es gefährlicher als in der Philosophie, die grossen, letzten Probleme aus den Augen zu verlieren. Die Naturwissenschaft mag sich noch so sehr in Spezialuntersuchungen zersplittern, so nimmt sie doch dadurch keinen Schaden. Die Einheit des Objektes und der Methode, der sichere Fonds schon erworbenen Wissens, der in seiner Thatsächlichkeit nicht mehr dem Warum und Wozu ausgesetzt ist, führen doch schliesslich die Resultate der Einzeluntersuchungen auf das

Ganze zurück, und was im Einzelnen an Erkenntnis gewonnen wird, fördert so die Erkenntnis des Ganzen. Anders in der Philosophie. Ein philosophisches Spezialistentum, das jede Berührung mit den Weltproblemen aufgiebt und sich möglichst an die Einzelwissenschaften anlehnt, verliert jede Bedeutung und verzwergt. Es muss sich damit begnügen, halbdunkle Probleme zurechtzukauen, bis sie für den Organismus der Wissenschaft verdaulich sind. Dann heisst es: der Mohr hat seine Schuldigkeit gethan, er kann gehen[1]). An philosophischer Erkenntnis ist dieses Spezialistentum völlig unfruchtbar, denn seine Untersuchungen gewinnen keine Beziehungen zu den grossen Weltproblemen der Philosophie, und wo diese Beziehungen fehlen, da ist die Philosophie in Gefahr ihre Selbständigkeit zu verlieren und zur Magd irgend einer Wissenschaft zu werden. Ist sie dann glücklich zum Range einer Fachwissenschaft unter anderen herabgesunken, dann verliert sie jede Teilnahme und jedes Verständnis für die geistigen Kämpfe ihrer Zeit — wie es heute geschehen ist. Rafft sie sich aber trotzdem auf und erkennt, dass ewige Probleme zu Problemen der Zeit geworden sind, so rächt sich die lange Vernachlässigung der prinzipiellen Probleme, indem die Philosophie jetzt den Blick für das Prinzipielle, die Logik des Prinzipiellen,

---

[1]) Von dieser heute weitverbreiteten Auffassung der Philosophie kann dann auch sehr leicht die Frage nach der Existenzberechtigung der Philosophie entstehen. Vgl. dazu De Roberty: „La philosophie du siècle." „La philosophie doit-elle continuer à exister ou doit-elle être remplacée par les sciences particulières?" (S. 34). „La philosophie est à la science ce que l'eau-mère est au cristal" (S. 348). — Über die Überflüssigkeit der Philosophie als Erkenntnistheorie und Methodenlehre Philippovich: „Aufgabe und Methoden der politischen Ökonomie" S. 5. Auch das sonderbare Werk von Wahle: „Das Ganze der Philosophie und ihr Ende" gehört hierher.

verloren hat. — Der Ursprung dieser unerquicklichen Lage reicht zurück bis in die Zeit Hegel's. Die klassische Philosophie philosophierte angesichts der Ewigkeit und der Unendlichkeit. Die nachklassische Philosophie verlor die Weltfragen aus den Augen. Die geistige Situation kippte nach dem Tode Hegel's um. An sich selber sollte der Philosoph der Dialektik seine Lehre erfahren. Der tiefste Punkt, der von dieser Dialektik getroffen wurde, und der am verhängnisvollsten für die ganze fernere Entwicklung geworden ist, war das Aufgeben des festen geistigen Hintergrundes des Lebens. Bei Hegel war der Mensch ein Produkt der Idealwelt, bei den Hegelianern des linken Flügels, die schliesslich den Sieg davontrugen, wurde die Idealwelt zum Produkt des Menschen. Das war der bedeutungsvolle intellektuelle Sündenfall, an dessen Folgen wir heute mehr als je kranken. Auf diesen Punkt, den wir als das Problem von der Stellung des Geisteslebens bezeichnet haben, gilt es den Blick zurückzuzwingen, denn ein Idealismus, der an diesem Punkte nicht Farbe bekennt, ist nichts wert.

Es kamen nach dem Tode Hegel's viele Momente zusammen, um den metaphysischen Hintergrund des Lebens zu zerstören. Die theoretische Konsequenz der Linkshegelianer wurde verstärkt und erhielt erst ihre Durchschlagskraft durch die Interessenverschiebung des allgemeinen Lebens von der Transzendenz zur Immanenz; vor den drohend aufsteigenden politischen und sozialen Problemen verblassten die Weltfragen; die grossen Entdeckungen und Fortschritte der Naturwissenschaften führten zu einem ausgeprägten dogmatischen Materialismus in den 50er und 60er Jahren. Dieser wurde dann abgelöst vom Positivismus und Neukantianismus. Letzterer ist, was die Stellung zur Metaphysik anbetrifft, auch nur ein Positivismus, der nur weiss, weshalb er Positivismus ist. Der Neukantianismus ist die letzte, grössere philosophische Bewegung, die eine für ihre Zeit notwendige, allerdings rein negative Aufgabe erfüllt hat. Er hat die Übergriffe des dogmatischen Materialismus zurückgewiesen, indem er die philosophische Forschung auf die strengste Immanenz einschränkte. Die Metaphysik wies er als „Begriffsdichtung" (Lange) in das Märchenland der Dichter. Sie sollte nicht mehr die Kreise der exakten Wissenschaften stören. Das ging so lange gut, als die metaphysischen Probleme innerhalb einer politisch und sozial aufgeregten Zeit nur noch als intellektuelle Spielereien weltfremder Narren, genannt Metaphysiker, erschienen. Zeigten sich indessen die metaphysischen Probleme wieder als Lebensfragen der Menschheit, als zum Grundbestande der Kultur gehörig, sprangen aus den eigenen Verwickelungen der Zeit Fragen ethischer und geschichtsphilosophischer Art heraus, gewannen die religiösen Probleme wieder an Macht und Bedeutung, machten sich in Leben und Litteratur die unheilvollen Konsequenzen einer von Zweifeln zerrissenen, glaubenslosen Zeit bemerkbar, dann hat der Neukantianismus seine Rolle ausgespielt. Zum positiven Schaffen ist er von vornherein unfruchtbar, und Falckenberg hat recht, wenn er die Herrschaft des Neukantianismus ein Provisorium nennt[1]). Auf die Probleme der Geschichte und Gesellschaft, auf das Problem der Kultur giebt die „Kritik der reinen Vernunft" keine Antwort. Wir sehen daher auch die Philosophie der letzten Gegenwart, soweit sie sich noch den Blick für die allgemeineren Probleme frei-

---

[1]) Falckenberg: Geschichte der neueren Philosophie 2. Aufl. S. 502.

gehalten hat, Anleihen bei den grossen Systemen eines Fichte und eines Hegel machen. Damit gelangt dann auch wieder die „Kritik der praktischen Vernunft" mehr zur Geltung.

Noch ist der Ruf: Zurück zu Kant! nicht abgelöst von dem Ruf: Zurück zu Fichte und Hegel!, aber wir möchten beinahe die Prophezeiung wagen, dass dieser neue Sammelruf bald erschallen wird[1]). Bei diesem Rückgang auf die klassische Philosophie sehen wir aber immer dasselbe Schauspiel: Man will die Konsequenzen der klassischen Philosophie ohne die Prämisse — die Prämisse der kosmisch zentralen Stellung des Geisteslebens. Man braucht dieselben Ausdrücke und Begriffe, ohne sich bewusst zu werden, dass sie jeden Sinn verlieren, wenn nicht hinter ihnen ein Idealismus steht, für den das Geistesleben Kern und Ziel der Wirklichkeit ist[2]).

Wir haben es hier mit der ersten Richtung innerhalb des Kulturproblems der Gegenwart zu thun[3]). Diese Richtung versucht die Diskrepanz zwischen Voraussetzung und Folgerung zu verdecken durch: Praktischen Idealismus, Psychologisches Lokalisieren, Sozialpsychologie, absolute Werte und Werturteile.

---

[1]) Vereinzelt können wir diesen Ruf schon jetzt in Zeitschriften vernehmen z. B. in dem Aufsatz: Neu-Idealismus von M. Kronenberg, Zukunft 5. Juni 97. Es sei übrigens nicht unerwähnt gelassen, dass Hegel seit den letzten 30 Jahren die englische Philosophie beherrscht. Vgl. meinen Artikel: „Die idealistische Bewegung der Philosophie in England" in der Beilage zur Allgemeinen Zeitung, Jahrgang 1898, No. 127. —

[2]) Das gilt natürlich nicht von denjenigen Philosophen, die unter Anknüpfung an die klassische Philosophie eigene Wege zu einem neuen Idealismus gehen wie Eucken, Class und A. Seth. Unsere Kritik zielt hauptsächlich gegen Paulsen, Wundt und deren Anhänger. Dass wir dabei bes. Vierkandt, der auf philosophischem Gebiet ein Schüler Wundt's ist, berücksichtigen, liegt im Wesen unserer Arbeit.

[3]) S. 67.

Wenden wir uns zuerst zum „praktischen Idealismus". Nachdem Vierkandt davon gesprochen hat, dass uns die spinozistische Betrachtungsweise das Opfer auferlegt, auch unser menschliches Leben und Sein unter dem Gesichtspunkt einer strengen Gesetzmässigkeit als ein Stück Natur zu betrachten, kommt er mit dem Trost des „praktischen Idealismus", der im Entwicklungsbegriff eine „kräftige Verankerung" finden soll. Nun haben wir schon gesehen, auf wie schwachen Füssen dieser rein formale, naturalistische Entwicklungsbegriff steht [1]). Was nun den „praktischen Idealismus" selbst anbetrifft, so hat er bei Kant einen metaphysischen Sinn. In der praktischen Vernunft wurzelte der Mensch in der letzten Realität der Dinge. Wir stimmen dieser Scheidung der Vernunft in keiner Weise bei; es muss aber betont werden, dass der „praktische Idealismus" bei Kant keine blos subjektive Gesinnung bedeutet, sondern eine auf dem noumenalen Faktum der Sittlichkeit aufgebaute idealistische Metaphysik. Der „praktische Idealismus" Vierkandt's ist weder „praktisch" noch „Idealismus"; denn „praktisch" ist alles, was durch Freiheit möglich ist, und Idealismus ist die Lehre, dass der Geist Kern und Ziel der Wirklichkeit ist. Ist aber, wie bei Vierkandt, ein evolutionistischer Spinozismus etabliert, so ist praktischer Idealismus eine Unmöglichkeit.

Allerdings ist ja als subjektive Gesinnung der „praktische Idealismus" sehr lobenswert, er hat aber dann nichts zu thun bei den letzten Entscheidungen der Weltanschauung.

Der moderne „praktische Idealismus" ist der Pferdefuss jedes Pseudoidealismus, und man kann sicher sein,

---

[1]) S. 47.

dass etwas faul ist in der Weltanschauung eines Denkers, wenn man den „praktischen Idealismus" dort antrifft. Es ist nicht genug gegen den „praktischen Idealismus" in Fragen der Weltanschauung anzukämpfen, besonders wenn er in seiner weitverbreiteten, neukantischen Form auftritt. Da ist er ein bequemes Täschchen, in das man seine verschiedenen Glaubensartikel hineinlegen kann. Man vertraut dabei der gut bürgerlichen Anständigkeit des menschlichen Geistes, für welchen die Ethik eigentlich selbstverständlich sein sollte, wenn auch ein wirklicher Grund nicht angegeben werden kann. Für diese seichte Art sich mit den Weltproblemen abzufinden, giebt es keine bessere Abfertigung als die Worte Hegel's: „Es ist ein Eigensinn, der Eigensinn, der dem Menschen Ehre macht, nichts in der Gesinnung anerkennen zu wollen, was nicht durch den Gedanken gerechtfertigt ist — und dieser Eigensinn ist das Charakteristische der neueren Zeit, ohnehin das eigentümliche Prinzip des Protestantismus"[1]. —

Es hängt aber dieser Begriff des „praktischen Idealismus" zusammen mit einem Zug der Zeit zum psychologischen Lokalisieren. Man glaubt z. B. Kant recht würdigen zu können, wenn man ihm das Verdienst beimisst, die Entscheidung über die letzten Fragen aus dem Verstand in den Willen verlegt zu haben[2]. Nun hat allerdings Kant die Ethik in den Willen verlegt; aber das psychische Vermögen als solches galt ihm nichts, es war nur der Kanal zu einer übersinnlichen Welt. Im Willen, der von ethischen Normen

[1] Hegel, Vorrede zur Rechtsphilosophie S. 19.
[2] In dem kürzlich erschienenen Werke von Paulsen über Kant tritt das wieder deutlich hervor. (Immanuel Kant, sein Leben und seine Werke.)

beherrscht ist, sah Kant etwas Metaphysisches. Die immanent psychologische Betrachtung des Willens, wie sie bei Vierkandt und den Philosophen der Gegenwart herrscht, giebt den Forderungen des Willens in keiner Weise einen grösseren metaphysischen Erkenntniswert als den Forderungen des Verstandes.

Also dadurch, dass man Ethik, Religion und Metaphysik in das Gefühl oder in den Willen legt, werden sie um keine Spur wahrer, als wenn sie im Verstand ihre Wurzeln hätten. Erst wenn die metaphysische Frage nach der Stellung des Geisteslebens erledigt ist, bekommt das psychologische Lokalisieren eine praktische Bedeutung für pädagogische Zwecke. —

Eine andere Art den Mangel eines konsequenten Idealismus zu verdecken ist auch der Begriff der Sozialpsyche. Für das Gebiet der Völkerpsychologie und der Sozialpsychologie erkennen wir diesen Begriff vollkommen an. Wir müssen ihm aber jede Berechtigung absprechen, wenn er entweder identifiziert wird mit dem Hegel'schen Begriff des „objektiven Geistes" oder wenn ihm ein ähnlich grosser Wert beigelegt wird. Der objektive Geist Hegel's, wie er sich im Recht, in der Moralität und in der Sittlichkeit darstellte, hatte metaphysische Bedeutung, denn er war eine Realisation der objektiven Weltvernunft. Aber dieser transzendente metaphysische Hintergrund existiert nicht für den Kollektivbegriff einer Sozialpsyche, eines Gesamtwillens. Und trotzdem fordert man dieselbe Hingabe, dieselbe Wertbeurteilung für den Gesamtwillen (Wundt!) wie Hegel für seinen objektiven Geist.

So sehen wir hier an einem interessanten Beispiel dieselbe ethische Forderung von der klassischen Philosophie und der Philosophie der Gegenwart erhoben. Und doch, wie Verschiedenes bedeutet sie für den

Menschen! Heute bedeutet diese Forderung, dass der Einzelne im Dienste sozialer Zwecke seine ethische Bestimmung habe; in der klassischen Philosophie bedeutete dieselbe Forderung, dass der Einzelne in der Unterordnung unter den objektiven Geist z. B. den Staat an der Vernunft des Universums teil habe. — Etwas Ähnliches sehen wir bei den Begriffen des Werturteils und des absoluten Wertes.

Seitdem die Forderungen des Innenlebens sich wieder energischer in den Vordergrund gedrängt haben, die festen Positionen der klassischen Philosophie aber gefallen sind, werden die Wertbegriffe als Ersatz vorgeschoben. Sie sollen wenigstens dem Gemüte die ideale Weltanschauung aufbauen, die dem Verstande versagt ist.

Seine weite Verbreitung, man könnte beinahe sagen seine Popularität hat der Wertbegriff durch die Ritschl'sche Schule bekommen. Die Theologie Ritschl's fällt ihrer Entstehung nach in jene Zeit, welche übersättigt von metaphysischer Spekulation auf der einen Seite und bedroht vom Materialismus auf der andern Seite, die Glaubensobjekte nur durch Ablehnung jeder Metaphysik retten zu können glaubte.

Das wissenschaftliche Erkennen und damit auch die Metaphysik kann, wie Kant gezeigt hat, niemals über die Existenz der Glaubensobjekte etwas aussagen. Was aber dem diskursiven Denken versagt ist, soll dem religiösen Erkennen vorbehalten sein. Und zwar bewegt sich dieses religiöse Erkennen in selbständigen Werturteilen d. h. in Vorstellungen über unsere Stellung zur Welt, welche nur hinsichtlich ihres Wertes für Erregung von Lust und Unlustgefühlen in Betracht kommen. So darf der Gottesgedanke nur als Werturteil oder als eine für den Gewinn von Gütern wertvolle Vorstellung behandelt werden [1]). Wenn aber diese Ritschl'schen Werturteile nicht reine Erfindungen einzelner Individuen sein sollen, so hängen sie von Seinsurteilen ab, und so werden wir doch wieder zur Metaphysik zurückgetrieben. Lehnt man aber trotzdem eine Metaphysik ab, so muss man sich die Frage vorlegen, ob positive oder negative Gefühlstöne über die Wahrheit von Vorstellungen entscheiden können. Wir müssen das verneinen. Sind Vorstellungen deshalb wahr, weil sie uns Lust bereiten, und deshalb unwahr, weil sie uns Unlust bereiten? Die innere Unmöglichkeit und der subjektivistische Charakter der psychologischen Werturteile wird aber erst dann ganz ersichtlich, wenn Werturteile über transzendente Dinge beibehalten werden bei völligem Wegfall jeder Transzendenz. Nimmt man mit Ritschl den Standpunkt der Kritik der reinen Vernunft ein, so sind wenigstens die von den Werturteilen geforderten transzendenten Objekte nicht unmöglich. Nimmt man aber von vorneherein einen Naturalismus an — und jede Weltanschauung ist im letzten Grunde Naturalismus, die nicht dem Geistesleben eine kosmisch-zentrale Stellung zuweist — so kommt den psychologischen Werturteilen nur die Geltung von subjektiven Phantasien zu. Ob diese Werturteile nun von einem individuellen oder sozialen Selbstbewusstsein — dem allermodernsten Lückenbüsser des Pseudoidealismus — gefällt werden, läuft auf dasselbe hinaus.

[1]) Vgl. O. Pfleiderer: Die Entwicklung der protestantischen Theologie in Deutschland seit Kant S. 232.
Vgl. auch dazu die ausgezeichnete Darstellung und Kritik der philosophischen Grundlagen des Ritschlianismus in dem Werke von R. M Wenley: Contemporary Theology and Theism S. 112—124.

Von diesen subjektivistischen Werturteilen aus soll dann auch noch der Begriff des absoluten Wertes aufrecht erhalten werden. — Die Frage, auf die es uns hier allein ankommt, lautet: Sind absolute Werte möglich bei der immanent naturalistischen Stellung des Geisteslebens? — Wert setzt immer ein Verhältnis irgend einer Thatsächlichkeit materieller, psychischer oder ideeller Art zu einem Subjekt voraus. Bei diesem Verhältnis liegt der Accent entweder auf dem Subjekt oder auf der Thatsächlichkeit. — Im ersten Falle haben wir es mit den Werten des individuellen, natürlichen Seelenlebens zu thun. Lust und Unlust und deren Komplikationen bestimmen den Wertcharakter der Thatsächlichkeit. Wir sprechen hier von individuellen Emotionswerten oder relativen Werten. Allgemeine Gültigkeit können diese Emotionswerte nicht beanspruchen, denn es giebt nichts Veränderlicheres und Zufälligeres als die subjektive Gefühlszuständlichkeit. Ändert sich diese, so verliert auch die Thatsächlichkeit ihren Wert. — Im zweiten Fall hingegen ist die Konstante die Thatsächlichkeit und die Variante ist das Subjekt. Hier hängt der Wertcharakter nicht mehr von der Gefühlszuständlichkeit des Subjekts ab, die Thatsächlichkeit behält ihren Wert ungeachtet der Stellung des Subjekts zu ihr[1]). Wir haben hier die vom Standpunkt der Emotionswerte paradoxe Erscheinung eines Wertes „an sich", eines absoluten Wertes[2]), der allgemeine Gültigkeit beansprucht.

[1]. Im ersten Fall wird durch die Emotion erst der Wert hervorgebracht, im zweiten Fall ist die Emotion nur das Zeichen, dass ich einen in meinem Bewusstsein auftretenden absoluten Wert gefühlsmässig bejahe oder verneine.

[2]) Psychologisch genetisch betrachtet kann natürlich die Thatsächlichkeit erst durch das Subjekt den Wert des Absoluten bekommen. Ist aber dieser einmal konstatiert, so bleibt er auch, einerlei wie später das Subjekt sich zu ihm stellt. Bei der erkenntnistheoretischen Betrachtung haben wir es immer nur mit fertigen Fakten zu thun.

Worauf beruht nun die Absolutheit des Wertes der Thatsächlichkeit? — Auf der Stellung des Subjekts kann die Absolutheit nicht beruhen, sonst hätten wir den ersten Fall der Relativität. — Sie muss also im Charakter der Thatsächlichkeit selbst liegen. Das können wir bei Kant sehr gut erkennen, dem wir uns in diesem Punkte anschliessen. Wir zitieren die berühmte Stelle aus der „Metaphysik der Sitten" S. 279 als Beweis dafür.

„Der Mensch im System der Natur (homo phaenomenon, animal rationale) ist ein Wesen von geringer Bedeutung und hat mit den Tieren als Erzeugnissen des Bodens einen gemeinen Wert (pretium vulgare). Selbst dass er vor diesen den Verstand voraus hat und sich selbst Zwecke setzen kann, das giebt ihm doch nur einen äusseren Wert seiner Brauchbarkeit (pretium usus) . . . . . . Allein der Mensch als Person betrachtet d. i. als Subjekt einer moralisch praktischen Vernunft, ist über allen Preis erhaben, denn als ein solcher (homo noumenon) ist er nicht blos als Mittel zu anderer ihren, ja selbst seinen eigenen Zwecken, sondern als Zweck an sich selbst zu schätzen d. i. besitzt eine Würde (einen absoluten inneren Wert)."

Relativer und absoluter Wert unterscheiden sich also durch das Sein. Die Thatsächlichkeit Mensch als Naturwesen hat einen relativen Wert d. h. einen Wert nur in Bezug auf irgend etwas anderes; hingegen der Mensch als Geistwesen hat einen absoluten Wert d. h. hier ist mit dem geistigen Sein zugleich der absolute Wert gesetzt. Wir können auch sagen: In den relativen Werten steckt ein Natursein, in den absoluten Werten ein Geistsein. Damit ist zugleich ein qualitativer Unterschied zwischen relativen und absoluten Werten gesetzt, der nicht psychologisch aufgehoben werden kann. Alles Natursein hat einen relativen, alles Geistsein einen absoluten Wert d. h. beim absoluten Wert fallen Sein und Wert zusammen.

Das sehen wir auch bei den Religionen. Gott ist die höchste Realität und daher auch der höchste Wert. Die Realität Gott und absoluter Wert fällt zusammen. Die blosse Vorstellung Gott ohne Realität dahinter hat niemals in der Religion einen absoluten Wert gehabt. — Wir finden dieses Zusammenfallen von Wert und Sein aber nicht in der Immanenz. Bleibt man streng bei dieser stehen, so hat Nietzsche's Wort Berechtigung: „Es giebt keine moralischen Phänomene, nur eine moralische Ausdeutung von Phänomenen." —

Diejenigen verstehen Kant schlecht, die ihm vorwerfen, er hätte bei dem absoluten Wert der Moral stehen bleiben sollen ohne eine transzendente Geisteswelt zu hypostasieren. Erst von dieser aus wird die Moral absolut und losgelöst von der Zufälligkeit des Subjekts. Die kosmische Stellung des Geisteslebens ist die ratio essendi der absoluten Werte, die absoluten Werte sind die ratio cognoscendi der kosmischen Stellung des Geisteslebens.

Dadurch dass viele Menschen denselben Wert energisch betonen, wird dieser noch kein absoluter Wert, sonst würde z. B. das Geld der absolute Wert par excellence sein. Bei der immanent naturalistischen Stellung des Geisteslebens sind absolute Werte unmöglich.

Bei Vierkandt war die Existenz absoluter Werte mit der kosmisch zentralen Stellung des Geisteslebens zufällig verbunden. Wir haben gezeigt, dass diese Verbindung eine notwendige ist.

Will man also die Konsequenzen der klassischen Philosophie, will man einen Idealismus, der mehr ist als ein synkretistisches Schlagwort, will man endlich die Kultur behaupten, so muss man auch die Prämisse der klassischen Philosophie annehmen: die kosmische Stellung des Geisteslebens. In Zeiten des Radikalismus lässt sich mit Kompromissversuchen nicht auskommen. — Die immanente Logik, die jeder geistigen Bewegung inne wohnt, und die alle Konsequenzen aus ihr heraustreibt, sehen wir denn auch in Nietzsche Gestalt annehmen.

Wenn wir hier in unserer Arbeit Nietzsche behandeln, so geschieht es nicht um eine ausführliche Darlegung und Kritik der Gedanken dieses genialen Zerdenkers zu geben, sondern um Nietzsche in den Zusammenhang des Kulturproblems der Gegenwart zu stellen, um an ihm dieses Kulturproblem von einer neuen Seite zu beleuchten. Wir sind uns dabei wohl bewusst, dass wir damit Nietzsche nicht voll gerecht werden, müssen allerdings gleich hinzufügen, dass, abgesehen von dem grossen Künstler und feinsinnigen Psychologen, wir dem Philosophen Nietzsche auch nur soweit einen bleibenden Wert für die Geistesgeschichte beimessen, als er in engster Beziehung zu unserer Zeit betrachtet wird. Werden seine Schriften herausgelöst aus dem Zusammenhang der Zeit und für sich genommen, so stellen sie ein Chaos widerstreitender Meinungen und Tendenzen dar, mit denen nichts anzufangen ist. Hingegen sub specie temporis betrachtet ist Nietzsche kein Problem sui generis, sondern das Problem der Zeit auf einen scharfen, radikalen Ausdruck gebracht. Darin liegt seine Bedeutung.

Man hat von Nietzsche gesagt, dass „er die Modernität resumiert". Das ist aber nur eine halbe Wahrheit; er resumiert nicht blos die Modernität, er geht auch die geistigen Bewegungen der letzten 50 Jahre bis zu Ende, bis in die dunkelsten Winkel ihrer Konsequenzen. Diese geistigen Bewegungen hatten alle im Verhältnis zur klassischen Philosophie eins gemein: den Zug zur Immanenz. Der grosse Immanenzierungsprozess dieses Jahrhunderts, der nach der philosophischen Seite im Materialismus, evolutionistischen Naturalismus, Positivismus und Neukantianismus seinen Ausdruck fand, hatte den geistigen transzendenten Hintergrund des Lebens und der Kultur zerstört. Das Leben auf die strengste Immanenz gestellt — das ist die Voraussetzung der Gedanken Nietzsche's. Und er machte Ernst mit dieser Voraussetzung und ihren Konsequenzen für das Kulturleben. Darin lag auch ein grosser Teil seines Erfolges. Es waren dem allgemeinen Zeitbewusstsein die Voraussetzungen für die unsere Kultur tragenden Ideen und Ideale verloren gegangen. Worte blieben übrig, die man nicht den Mut hatte wegzuräumen. Für viele wurde Nietzsche daher wirklich „der Erlöser von der Seelenfeigheit" wie er einmal in einem modernen Romane genannt wurde. Ihm ist es in voller Eindringlichkeit zum Bewusstsein gekommen, dass mit dem Wegfall jeder Transzendenz und mit der Erklärung der gegebenen Welt als der einzigen Realität ein Bruch mit der Vergangenheit, eine Revolution des geistigen Lebens stattgefunden habe, die alle bisher geltenden Grössen über den Haufen werfen musste. Die Negation alles Metaphysischen bedeutet nicht blos ein Fallenlassen gewisser Grössen etwa der Religion und ein

Betonen anderer, die in ihrer Integrität erhalten bleiben — etwa der Ethik —, sondern es bedeutet eine ungeheure Erschütterung der ganzen Kultur, eine „Umwertung aller Werte", es bedeutet den Tod aller christlichen Ideale. Das grösste neuere Ereignis — dass „Gott tot ist", dass der Glaube an den christlichen Gott unglaubwürdig geworden ist beginnt bereits seinen ersten Schatten über Europa zu werfen. Für die Wenigen wenigstens, deren Augen, deren Argwohn in den Augen stark und fein genug für dies Schauspiel ist, scheint eben irgend eine Sonne untergegangen, irgend ein altes tiefes Vertrauen in Zweifel umgedreht, ihnen muss unsere alte Welt täglich abendlicher, misstrauischer, fremder, „alter" erscheinen. In der Hauptsache darf man sagen: das Ereignis selbst ist viel zu gross, zu fern, zu abseits vom Fassungsvermögen vieler, als dass auch nur seine Kunde schon angelangt heissen dürfte; geschweige denn dass viele bereits wüssten, was eigentlich sich damit begeben hat — und was alles, nachdem dieser Glaube untergraben ist, nunmehr einfallen muss, weil es auf ihn gebaut, an ihn gelehnt, in ihn hineingewachsen war: zum Beispiel unsere ganze europäische Moral. Diese ganze Fülle und Folge von Abbruch, Zerstörung, Untergang, Umsturz, die nun bevorsteht: wer erriete heute schon genug davon, um den Lehrer und Vorausverkünder dieser ungeheuren Logik von Schrecken abgeben zu müssen, den Propheten einer Verdüsterung und Sonnenfinsternis, deren Gleichen es wahrscheinlich noch nicht auf Erden gegeben hat?[1] . . . . .

Mit dem „Tode Gottes" mit dem Aufgeben der kosmisch-zentralen Stellung des Geisteslebens giebt es

---

[1] **Fröhliche Wissenschaft**, 5tes Buch, 343. Vgl. auch 125.

auch keine objektive Vernunft mehr in der Welt. Das gegebene Sein zeigt keine Vernunft, und wenn der Mensch trotzdem eine Vernunft annimmt, so verfälscht er die Wirklichkeit. „Wir sind abgesotten in der Einsicht und in ihr kalt und hart geworden, dass es in der Welt durchaus nicht göttlich zugeht, ja noch nicht einmal nach menschlichem Masse vernünftig, barmherzig oder gerecht: Wir wissen es, die Welt in der wir leben, ist ungöttlich, unmoralisch, unmenschlich — wir haben sie uns allzulange falsch und lügnerisch, aber nach Wunsch und Willen unserer Verehrung d. h. nach einem Bedürfnisse ausgelegt".[1])

An sich sind diese Sätze nicht besonders neu, wir können sie auch z. B. bei einem Hellwald lesen. Aber sie gewinnen eine Bedeutung erst dadurch, dass Nietzsche nun auch Ernst macht mit den Konsequenzen für die Kultur. Bei Linkshegelianern wie Feuerbach kam es blos zu einer Umkehrung der Gedanken, nicht zu einer Umkehrung der Werte. Die Werte machten den Radikalismus der Weltanschauung nicht mit.

Nietzsche hingegen unterzieht von der immanent naturalistischen Stellung des Geisteslebens aus Geschichte und Kultur einer Radikalrevision.

Dabei ergiebt sich dann natürlich, dass der Mensch der Schöpfer der Idealwelt ist. Diese Idealwelt trägt und beherrscht die ganze bisherige Kultur und ist eigentlich eine blose Phantasmagorie, ein Nichts. Also muss die christliche Kultur aufgegeben werden.

Aber noch aus einem anderen, mehr praktischen Grunde muss nach Nietzsche gegen die bisherige Kultur angekämpft werden. Die Kultur hat den

---

[1]) Fröhliche Wissenschaft S. 279.

Menschen in den Dienst von Idealen gestellt, die seine Kraft aufbrauchen, die seine Natur schwächen und verkrüppeln. Für alle Ideale, die den Menschen in transzendente Weltzusammenhänge stellen, hat Nietzsche den vom Standpunkt des Naturalismus aus treffenden Ausdruck „asketische Ideale", denn sie bedeuten ihm nur eine Hemmung und Einschränkung der naturstarken Triebe des Menschen, des „verehrenden Tieres".

Aber „wenn endlich auch alle Bräuche und Sitten vernichtet sind, auf welche die Macht der Götter, der Priester und Erlöser sich stützt, wenn also die Moral im alten Sinne gestorben sein wird: dann kommt ja was kommt dann?"[1])

Nietzsche kam von Schopenhauer her mit den Fragen nach dem Sinn und dem Wert der Kultur und des Lebens und mit diesen Fragen stand er jetzt einer naturalistischen Wirklichkeit gegenüber. Die alten Werte hatten nur Gültigkeit, wenn es eine transzendente Geisteswelt gab. Da es diese nicht giebt, und der Mensch nicht ohne Wert, ohne Zielsetzung leben kann, so will Nietzsche eine grosse Umwertung der Werte vornehmen. Er will schliesslich eine Kultur, die sich auf den von der Tierheit überlieferten Instinkten aufbaut. In seiner letzten Periode statuiert er als Sinn der Kultur den Übermenschen, ein Soll par ordre de Nietzsche.

Nun auf eine Kritik oder Widerlegung Nietzsche's brauchen wir uns nicht einzulassen. Er kritisiert und widerlegt sich selber in den verschiedenen Perioden seines Denkens am besten. „Dieser Denker braucht niemanden, der ihn widerlegt; er genügt sich selber dazu".

---

[1]) Morgenröte 96.

Nietzsche hat den Mut gehabt den Naturalismus auszudenken und auszufühlen und ist daran zu Grunde gegangen.

Die dritte Richtung des Kulturproblems der Gegenwart hat sehr viel Ähnlichkeit mit der ersten Richtung. Wie diese hat sie die kosmisch-zentrale Stellung des Geisteslebens aufgegeben, will aber auch die Konsequenzen nicht fallen lassen sondern erhalten wissen, aber weniger aus religiös-metaphysischen Bedürfnissen als aus Gründen des sozialen Gemeinschaftslebens. Philosophisch unterliegt daher diese Richtung derselben Kritik wie die erste Richtung. Dadurch aber, dass das Geistesleben ausschliesslich unter einen praktisch-sozialen Gesichtspunkt gestellt wird, vergröbern sich einerseits die Inkonsequenzen der ersten Richtung und bekommen anderseits einen ganz spezifischen Charakter, der sich in dem Versozialisieren der geistigen Probleme ausspricht.

Seit den letzten Dezennien hat sich die Stellung der sozialen Bewegung zu den geistigen Faktoren wesentlich verschoben gegen die Zeit, wo Marx seine materialistische Geschichtsphilosophie schuf und Engels die baldige Euthanasie der Religion prophezeite. Man hat sich davon überzeugen müssen, dass der grosse Umbildungsprozess der ökonomischen Verhältnisse ein starkes ethisches Bewusstsein der Massen zur Voraussetzung hat; man sah im Fortgang der sozialen Bewegung, dass man die Kraft und Macht der Religion unterschätzt hatte und es entstanden und entstehen jetzt Versuche den Sozialismus selbst zur Religion zu machen[1]). Dazu kommt noch, dass die Vertreter des

---

[1]) Es seien hier nur u. a. erwähnt: J. Dietzgen: „Die Religion der Sozialdemokratie", Dr. Stamm: „Die Erlösung der darbenden Menschheit" und J. Stern: „Die Religion der Zukunft".

ökonomischen Materialismus den allmählichen Umschwung der geistigen Zeitstimmung nach der idealistischen Seite hin merken und den philosophischen Materialismus von ihren Rockschössen abzuschütteln suchen [1]. — Innerhalb der dem orthodoxen Sozialismus ferner stehenden Sozialwissenschaften tritt auch die Tendenz zur grösseren Wertung der geistigen Faktoren hervor. Im Gegensatz zur klassischen Nationalökonomie sehen wir in der historisch-ethischen Schule und im sog. Kathedersozialismus ein starkes Anspannen des ethischen Momentes [2]. Die Nationalökonomie stellt sich immer mehr in den Normbereich der Ethik und zwar einer Sozialethik, die wieder der Soziologie eingegliedert werden soll. „Die Wirtschaftstheorie ist stets nur als eine Abteilung der umfassenden Wissenschaft der Soziologie anzusehen, welche mit der moralischen Synthese — der Krone des gesamten geistigen Systems — in lebendiger Beziehung steht . . . .

. . . — . . . Insbesonders müssen wir uns die höheren sittlichen Ziele vergegenwärtigen, denen die wirtschaftliche Bewegung dient" [3].

Was die Soziologie selbst anbetrifft, so hat sie in der zweiten Hälfte unseres Jahrhunderts besonders durch die Einwirkung des naturalistischen Evolutionsgedankens weite Dimensionen angenommen [4] und wenn auch Männer wie Dilthey ihr den Charakter einer vollgiltigen Wissenschaft absprechen, so ist doch nicht zu

---

[1] Vgl. dazu „Die wissenschaftliche und philosophische Krise innerhalb des Marxismus" von Prf. Masaryk (Prag).

[2] Vgl. dazu den Aufsatz Schmoller's: „Die Gerechtigkeit in der Volkswirtschaft" (Zur Sozial- und Gewerbepolitik der Gegenwart).

[3] Ingram, Geschichte der Volkswirtschaftslehre S. 332.

[4] Eine vortreffliche Übersicht über die bisherigen Leistungen der Soziologie giebt der 1. Band des Werkes von P. Barth: „Die Philosophie der Geschichte als Soziologie."

leugnen, dass die Soziologie in der Gegenwart eine gradezu gefährliche Bedeutung erlangt hat. Diese Bedeutung verdankt sie nicht ihren Resultaten, die noch ziemlich zweifelhafter Natur sind, sondern dem Interesse, das ihrem Objekte, der Gesellschaft, angesichts der sozialen Frage dargebracht wird. Es geht heute mit der Soziologie wie seiner Zeit mit dem Darwinismus: alle Probleme scheinen in ihr die Lösung zu finden. Was sich eine besondere wissenschaftliche Empfehlung geben will, setzt sich mit der Soziologie in Verbindung. Die Philosophie der Geschichte kann nach Barth nur als Soziologie behandelt werden, und doch sollte schon der total verschiedene Ursprung dieser beiden Disziplinen und damit verbunden ihre verschiedenen Erkenntnisziele diese Gleichsetzung unmöglich machen. — Die Religion wird von Natorp[1] „auf das Feld der soziologischen Probleme" hinübergeführt, und in dem Werke von Ludwig Stein: „Die soziale Frage im Lichte der Philosophie" münden schliesslich alle Probleme des Geisteslebens in die Soziologie.

Das bedeutet, dass das Geistesleben, da es seine Verwirklichung auch in der Gesellschaft findet, als ein soziales Problem betrachtet wird und als solches wird es zum Gegenstand der Soziologie. „Alle sozialen Probleme münden nämlich letzten Endes in die eine Frage aus, unter welchen Bedingungen das Zusammenleben und Zusammenwirken wirtschaftlich und kulturell vorgeschrittener Individuen und sozialer Gruppen gestellt werden müsse, damit die zu schaffende gesellschaftliche Organisation sich in einem alle Glieder

---

[1] Paul Natorp: Religion innerhalb der Grenzen der menschlichen Humanität, Vorrede S. VII.

dieser Gesellschaft möglichst zufriedenstellenden Gleichgewicht befinde. Alle diese Fragen aber berühren sich durchweg mit denjenigen Problemen, welche die heutige Soziologie als ihre eigene Domäne betrachtet" [1]).

Also der terminus ad quem, unter dem die Soziologie das Geistesleben betrachtet, ist die soziale Nützlichkeit. Comte hat damit im grossen Stil begonnen, als er die Ideen der Vergangenheit weniger nach ihrem Wahrheitsgehalt beurteilt wissen wollte als nach ihrer Brauchbarkeit für soziale Zwecke. Seine Verehrung des Katholizismus beruht nicht auf der Anerkennung der Wahrheit dieses religiösen Systems sondern auf der hohen Schätzung des Katholizismus als organisierendes Prinzip der Gesellschaft. Damit tritt die Wahrheitsfrage des Geisteslebens zurück vor einem utilitaristischen Beurteilungsprinzip. Von hier aus ist es nur ein Schritt die Wahrheitsfrage ganz zu eliminieren und das Geistesleben nur unter dem Gesichtspunkt zu betrachten, welche Aufgabe es in der sozialen Evolution zu erfüllen habe — wie es heute thatsächlich geschieht.

Was sich daraus für das Geistesleben und damit für die Kultur ergiebt, können wir am besten an der Behandlung der Religion verfolgen, wo die ganze Ungeheuerlichkeit, das Geistesleben rein als soziologisches Problem zu nehmen, besonders deutlich wird.

Kidd präzisiert diesen Standpunkt sehr gut mit den Worten: „Man könnte versucht sein in dem Standpunkt, den das soziale Denken erreicht hat, eine mehr oder weniger unbewusste Anerkennung dafür zu finden, dass die Religion eine ganz bestimmte Auf-

---

[1]) Stein, Die soziale Frage im Lichte der Philosophie S. 14.

gabe in der Menschheit zu erfüllen habe, und dass sie in' der sozialen Entwicklung ein mächtiger Faktor irgend einer Art sei. Allein welches diese Aufgabe sei, wo sie beginnt, wo sie aufhört und welche Stellung Religion und Glaube in der Zukunft einzunehmen bestimmt sind, darüber giebt uns die Wissenschaft keinerlei Aufschluss"[1]).

Auf S. 16 heisst es dann weiter:

„Wir leben in einer Zeit, wo die Wissenschaft nichts für unbedeutend ansieht. Was sind denn nun diese Religionssysteme, die einen so hervorragenden Platz im Leben und in der Geschichte einnehmen? Was ist ihr Sinn, ihre Aufgabe in der sozialen Entwicklung? Die Wissenschaft sagt, sie habe nichts mit der Religion zu schaffen, da der religiöse Glaube durchaus nicht vernunftgemäss sei."

„Nun wer den Geist des Darwinismus erfasst hat, dem ist es klar, dass das gar nicht die Frage ist, um die es sich handelt. Die richtige, wirklich bedeutungsvolle Frage ist nicht, ob eine Handvoll noch so gelehrter Männer der Meinung ist, dass der Glaube nicht vernunftgemäss sei, sondern die, ob die Religion in der Menschheitsentwicklung eine Aufgabe zu erfüllen habe. Wenn dies der Fall ist . . . . dann kann nichts gewisser sein, als dass diese ganze Evolution vom menschlichen Meinen unabhängig ihren Weg geht, dass die Religion nicht nur nicht aufhört, sondern in Zukunft eine voraussichtlich gleich grosse Rolle spielen wird wie bisher." (S. 19.)

Kidd findet nun in der Religion „eine Glaubensform, welche eine über die Vernunft hinausgehende Normierung für die grosse Reihe von Fällen im Ver-

---

[1]) Kidd, Soziale Evolution S. 16.

halten des Individuums schafft, wo dessen Interessen und die Interessen des sozialen Organismus im Widerstreit mit einander stehen und durch welche die ersteren den letzteren unterworfen werden im allgemeinen Interesse der Evolution, welche die Rasse durchmacht." (S. 97.) Da nun nach Kidd das Ziel der menschlichen Evolution, welche einen Teil der kosmischen Evolution darstellt, in der immer stärkeren Ausbildung des Altruismus besteht, dieser aber in einer Welt des egoistischen Kampfes ums Dasein durch den Verstand nicht gestützt und begründet werden kann, so muss die Religion oder besser der religiöse Instinkt naturnotwendig zur Erhaltung des Altruismus die menschliche Evolution begleiten[1]). —

Wir können hier an einem extremen Beispiel die einzelnen Züge des Versozialisierens der geistigen Probleme erkennen.

1. Den Ausgangspunkt bildet die Frage: Was leistet die Religion für die soziale Entwicklung? Diese Frage wird nicht nur von naturalistischer Seite sondern auch von idealistischer Seite aufgenommen, um die Religion zu erhalten. Es ist belehrend an diesem Punkt Kidd und Balfour[2]) gegenüberzustellen.

Kidd: Die Religion bleibt erhalten, weil sie in den Gesetzen des natürlichen Fortschritts ruht.

Balfour: Die Religion muss erhalten bleiben, wenn die Gesellschaft nicht aus den Fugen gehen soll.

Kidd: Der religiöse Instinkt ist vorhanden. Ob der durch ihn hervorgetriebene Vorstellungsinhalt wahr

---

[1]) Vgl. dazu „The religious instinct" von H. R. Marshall in Mind No. 21 und 22 (1897), wo beinahe dieselben absonderlichen Anschauungen entwickelt sind.

[2]) The foundations of belief.

oder falsch ist, thut nichts zur Sache. Zur Evolution der Gesellschaft gehört die Religion.

Balfour: Die Religion ist wahr, weil die Wissenschaft sie nicht widerlegen kann, und weil nur durch die Religion das menschliche Zusammenleben möglich ist.

2. Die Religion verliert ihre Selbständigkeit bei Kidd an die Biologie, bei Natorp an die Humanität, bei den Ökonomisten an den wirtschaftlichen Prozess.

3. Ein einzelnes, meist äusserliches Moment der Religion, das mehr eine Wirkung der Religion ist als diese selbst, das aber grade in die Anschauungen des Autors hineinpasst, wird zum Wesen der Religion gemacht. So bei Kidd der Altruismus.

4. Man diktiert von den sozialen Zwecken aus, die man für die wichtigsten hält, der Religion, das, was sie sein und leisten soll.

5. Verlangen Natorp und Stein von der Religion, dass sie jeden Transzendenzanspruch aufgebe und die Idee der Menschheit zu ihrem Objekt nehme. —

Was wir hier für die Religion gezeigt haben, das gilt auch für das Ganze des Geisteslebens. Wir sind mit dem Versozialisieren der geistigen Probleme auf die Stufe der Zivilisation zurückgeworfen, denn in der Zivilisation ist das Geistesleben im Dienste sozialer und ökonomischer Zwecke, während in der Kultur ökonomische und soziale Zwecke im Dienste des Geisteslebens stehen. —

Das Versozialisieren der geistigen Probleme erreicht auch, abgesehen von der theoretischen Unhaltbarkeit, gar nicht das, was es bezweckt. Wenn z. B. Stein der Religion dadurch einen grösseren Einfluss gewinnen will, dass er sie auf das Niveau der sozialen Bewegung herabzieht, also auf ein Niveau, wo nur der äussere Erfolg etwas gilt, so wird die Religion hier etwas rein Akzidentelles, das jede aufrüttelnde und revolutionierende Kraft verliert. Den geistigen Problemen wird die bohrende Spitze abgebrochen, wenn sie in einen ihnen völlig heterogenen Zusammenhang hineingestellt werden. Wir sehen das ja heute überall an den spontan auftretenden religiösen und ethischen Bewegungen. Dadurch dass diese sich nicht in den Zusammenhang einer festgeschlossenen idealistischen Weltanschauung stellen, um von dort aus geistige Wirkungen auf die Zeit auszuüben, werden sie von den verschiedensten Tendenzen hin und hergezogen, bis sie schliesslich von der sozialen Bewegung aufgesogen werden, um in dieser ein kümmerliches, wirkungsloses Dasein zu fristen. —

Das Geistesleben darf nicht direkt dem alles beherrschenden Zug zum Sozialen folgen, wenn es seine Kraft wiedergewinnen und bewahren will. Wenn Kuenen fordert, dass die Religion neue Verbindungen eingehen soll[1], so möchten wir dagegen fordern, dass die Religion dem Bewusstsein der Zeit erst wieder in ihrer schroffen Selbstherrlichkeit als etwas in sich Selbständiges und Unableitbares eingeprägt werde. Dann erst kann sie in fruchtbringender Weise neue Verbindungen eingehen. Nichts ist heute der Religion notwendiger als sie aus den rostig gewordenen Legierungen des Sozialen, Evolutionistischen, Politischen, Künstlerischen auszuschmelzen und zu befreien. Eine scharfe Analyse ist notwendig vor der Synthese.

---

[1] Kuenen, Volksreligion und Weltreligion.

Die Fragen unserer geistigen Existenz müssen sich erst wieder einmal rein aussprechen; das Geistesleben muss seine Forderungen ohne jede Rücksichtnahme entwickeln. Daraus mögen sich spröde Gegensätze gegen das soziale Leben ergeben und die Kompromissversuche mögen sich schwieriger gestalten, aber jeder Kompromiss, den das Geistesleben eingehen muss, ist ein fauler Kompromiss, wenn das Bewusstsein der innersten Gegensätzlichkeit fehlt. —

Lebensabriss.

Geboren zu Hamburg 1873 besuchte ich daselbst die Höhere Bürgerschule, dann das Realgymnasium des Johanneums, wo ich im Jahre 1893 mein Abiturientenexamen absolvierte. Ich bezog im Sommersemester 1894 die Universität Berlin und studierte an derselben bis zum Sommersemester 1896 moderne Philologie, Philosophie und Geschichte. Dann ging ich nach Jena, wo ich mich als stud. philos. einschreiben liess. Neben meinen philosophischen Fachstudien trieb ich hier u. a. hauptsächlich Nationalökonomie und Geographie. Ich promovierte Sommersemester 1898 auf Grund vorliegender Dissertation. An dieser Stelle möchte ich dem Herrn Geh. Hofrat Prof. Dr. Liebmann und den Herren Professoren Pierstorff und Regel noch einmal danken für die vielen Anregungen, die ich von ihnen empfangen habe. Herrn Prof. Dr. Eucken fühle ich mich tief verpflichtet als dem hochverehrten Lehrer und Förderer meiner philosophischen Studien.

Jena, 27. Juli 1898.

Julius Goldstein.